# 有氧运动

## 全民健身项目指导用书

王世涛　王永超◎主编

吉林出版集团股份有限公司　全国百佳图书出版单位

**图书在版编目（CIP）数据**

有氧运动 / 王世涛，王永超主编. -- 2版. -- 长春
：吉林出版集团股份有限公司，2010.2（2024.8重印）
全民健身项目指导用书
ISBN 978-7-5463-2397-8

Ⅰ.①有… Ⅱ.①王… ②王… Ⅲ.①气体代谢（运
动生理）–健身运动–基本知识 Ⅳ.①G883

中国版本图书馆 CIP 数据核字(2010)第 028388 号

全民健身项目指导用书

# 有氧运动

YOUYANG YUNDONG

| | | |
|---|---|---|
| 主　　编 | 王世涛　王永超 | |
| 责任编辑 | 关锡汉 | |
| 封面设计 | 吕宜昌 | |
| 开　　本 | 650mm×960mm　1/16 | |
| 印　　张 | 8 | |
| 字　　数 | 60 千 | |
| 版　　次 | 2010 年 2 月第 2 版 | |
| 印　　次 | 2024 年 8 月第 4 次印刷 | |
| 出版发行 | 吉林出版集团股份有限公司 | |
| 地　　址 | 吉林省长春市福祉大路 5788 号 | |
| 邮　　编 | 130000 | |
| 电　　话 | 0431-81629968 | |
| 电子邮箱 | 11915286@qq.com | |
| 印　　刷 | 三河市金兆印刷装订有限公司 | |
| 书　　号 | ISBN 978-7-5463-2397-8　定　　价　39.80 元 | |

# 序言

自 1995 年我国政府推出《全民健身计划纲要》以来，我国群众性体育活动蓬勃发展，取得了显著的成绩。2008 年，举世瞩目的北京奥运会的成功举办，极大地激发了亿万人民群众的体育热情，增强了全社会的体育意识，营造了浓厚的全民健身氛围。面对这样的可喜局面，群众体育科研、教学工作者应义不容辞地为社会实践服务，从不同角度思考，如何使普通百姓通过简而易行的身体锻炼方式、方法和手段达到良好的健身效果，达到拥有健康的目标，从而享受生活、享受快乐人生。该书系就是在这样的思想指导下诞生的。

本书系能够顺应国家体育的大政方针，掌握时代脉搏，对指导大众健身，使大众掌握健身方法和手段有很好的促进作用。

本书系图文并茂，实用性强，分为球类运动、体操健身运动、传统武术、冰雪运动、水上运动、体育舞蹈、休闲运动、格斗运动、民间体育活动和极限运动等十大类项目，计 100 分册，按照统一的体例，力争有所创新。每册的具体内容为该项目的起源与发展、运动保健、基本技术、运动技巧、比赛规则等，使读者在学习过程中，不仅能够学会运动健身的方法，同时还能够学到保健方面的基本知识。

　　经国务院批准，自 2009 年起，将每年的 8 月 8 日定为"全民健身日"。《全民健身项目指导用书》的出版，必将为开展全民健身活动起到积极的推动和指导作用。

# 目录 CONTENTS

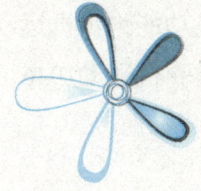

# 目录 CONTENTS

# 第一章 概述

　　有氧运动，顾名思义，就是在有氧代谢状态下做运动。练习者通过有氧运动达到消耗体内多余脂肪、强身健体、塑造体形的目的。有氧运动可以提高机体的摄氧量，增强心肺功能，是达到健康效应的最佳方式。

## 第一节

### 起源与发展

有氧运动是近年来兴起的运动项目，由于其难度较小、形式多样、易于开展、对身体有明显的减脂效果，因而受到人们的普遍欢迎。

有氧运动起源于美国。1968 年，美国空军运动研究室的医学博士肯尼思·库珀经过多年的研究、探索，提出了"有氧运动法"及其运动处方，即通过运动增加氧气的消耗量，从而促进血液循环功能的身体调理法。

库珀认为，健康的标准并不是通常人们认为的肌肉发达、外表强壮，只有心肺功能良好才是真正的健康。有氧运动的时间要求大于 30 分钟，最好是 30～60 分钟，这样可以使血液循环系统、呼吸系统得到充分、有效的刺激，提高心肺功能，从而让全身各组织、器官得到良好的氧气和营养供应，维持最佳的功能状况。

退役后，库珀成立了一家集医疗、科研和健身俱乐部于一体的有氧运动中心。目前，在全世界流行的"12 分钟跑体能测验""有氧运动得分制"等都是由库珀提出的，人们称他为"有氧运动"之父。

有氧运动提出以后，很快得到人们的认可，并传播到世界各地，现在它已成为全民健身运动的有机组成部分。

有氧运动成为改变世界健身趋势的创举。这种通过跑步等增进心

肺功能的运动方法迅速在美国乃至全世界风靡开来。

　　有氧运动的特点是强度低、有节奏、不中断和持续时间长。它是最经济、最方便、最有效的运动方式。国际上公认的最理想的有氧运动是走路或慢跑，此外还包括爬楼梯、跳舞、跳健身操、打太极拳、踢毽子、游泳等。

　　随着经济的持续发展，人民生活水平的不断提高，健康已成为人们追求高质量生活最关心的问题，越来越多的人开始参与到有氧运动中来。现在，它已成为人们生活中不可缺少的组成部分。

## 发展趋势

　　为了更广泛地开展群众性体育活动，增强人民体质，推动我国社会主义现代化建设事业的发展，1995 年 6 月，国务院提出《全民健身计划纲要》，号召全社会广泛开展全民健身运动。目前，全民健身运动在全国范围内蓬勃发展，具有中国特色的全民健身体系的框架已经初步形成。全民健身运动的开展，有利于提高人民的生活质量，丰富业余文化生活，促进社会进步；有利于加强社会主义精神文明和物质文明建设，提高我国的综合国力，振奋民族精神。

　　有氧运动不受时间、地点、场地、天气的影响，也不受练习者性别、年龄、体质状况和健康水平的限制。其练习形式纷繁多样，运动量可大可小，动作有难有易，时间亦长亦短，不同的锻炼人群均可以找到适合自己的锻炼内容与方法，是全民健身计划不可缺少的重要组成部分。

## 第二节

### 场地和装备

　　有氧运动对场地和装备的要求并不高，但是高质量的场地是运动顺利开展的前提，而良好的装备则是练习者发挥较高技术水平的必要保证。

一般情况下，有氧运动可以在普通场地上进行，但是高水平的训练则应该在专业场馆中进行，以保证练习者动作的舒展，避免运动损伤的发生。

**规格**

较为灵活，平坦、干净的水泥地，混凝土地和沥青地都可以作为普通场地。

**要求**

场地应空旷、通风，这样有利于练习者的身体健康。

　见图 1-2-1

**规格**

健身馆中应保持整洁。

**设施**

健身馆中一定要有镜子，这样练习者可以在镜前练习，并及时纠正自己的错误动作。表现力较好的练习者可以在镜前一边练习一边欣赏自己优美的动作。

**要求**

（1）健身馆中的光线必须充足，通风良好。

（2）地面应经常打扫并保持整洁。

图 1-2-1

 装备 ◆◆◆◆◆◆◆◆◆

进行有氧运动时最好穿专业的运动服和运动鞋,这样既有利于增强动作的表现力与美感,又可避免不必要的运动损伤。

 服装 见图1-2-2

服装应随项目、季节的变化而调整。夏天炎热,宜穿短袖、短裤;冬天寒冷,要注意服装的保暖,最好穿吸汗、透气性好的棉质运动服。

 鞋 见图1-2-3

运动时应穿着弹性好、柔软性强的运动鞋,这样可以缓冲脚底的压力,防止踝关节受到损伤。

图1-2-2

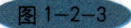
图1-2-3

# 第二章 运动保健

体育运动对增强体质、预防疾病和促进健康具有良好的作用。但是,并非所有人从事相同的运动都会达到同样的效果。对于同一种运动负荷,不同人机体的反应差异是很大的,即使同一个体,在不同时期、不同机能状态下,对同一负荷的反应及效果也是不一样的。因此,对于不同个体,应制定适合其机能需要的运动强度、时间、频率和持续周期。从事体育锻炼一定要讲究科学性,使机体最大限度地获得运动价值,使某些疾病得到有效的防治。

# 第一节
## 自我身体评价

　　自我身体评价是指根据个体的不同情况以及简单的功能评定标准，对锻炼者进行身体评价，并以此为依据，确定具体的锻炼内容。

 适宜人群

　　体适能是全身适应性的一部分，是人体精神和体力对现代生活的适应能力。为了促进健康，预防疾病，提高生活质量和工作学习效率，几乎所有人都可以追求健康体适能，而且经过简单的评价和测试，均可以成为目标人群，即适宜人群。

 健康体适能评价标准

　　健康体适能是指身体有足够的活力和精力处理日常事务，而不会感到过度疲劳，并且还有足够的精力去享受休闲活动和应对突发事件。

　　健康体适能是确定锻炼者是否为运动适宜人群的主要依据。目前的评价标准主要包括国民体质测定标准、学生体质测定标准和普通人群体育锻炼标准等。

　　国民体质测定标准主要包括形态指标、机能指标和素质指标 3 个部分，各项指标的测定结果均为 1～5 分，共 5 个级别。凡各项指标达不到 4 分或 5 分者，均应被纳入健身人群。

　　学生体质测定标准分为优秀、良好、及格和不及格 4 个级别。优秀水平以下者，均应被纳入健身人群。

　　普通人群体育锻炼标准分为 5 个级别，凡达不到 4 分或 5 分者，均应被纳入健身人群。

## 简易运动功能评定

简易运动功能评定的目的在于确定锻炼者有无运动禁忌症或临时运动禁忌的情况，即是否适合参加体育锻炼，以达到防备万一、避免意外事故发生的目的。目前通行的方式为3分钟踏台阶测试。

### 目的

测试锻炼者运动后心率恢复的情况，以评估其心肺功能。

### 器材　见图2-1-1

30厘米高的长凳、节拍器、秒表和时钟。

### 步骤　见表2-1-1

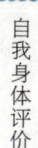

图2-1-1

（1）节拍器设定为每分钟96次，锻炼者依"上上下下"的节拍运动3分钟。

（2）锻炼者完成3分钟踏台阶后，5秒钟内开始测量其脉搏，时间为1分钟，记录其心率，并依据下表评价其功能水平。

（3）运动后心率越低，证明其心肺功能越好。在运动强度允许的范围内，锻炼者可选择运动强度的较高值来进行运动。

表2-1-1　3分钟踏台阶测试评价表

| | 年龄（岁） | 欠佳（次） | 尚可（次） | 一般（次） | 良好（次） | 优异（次） |
|---|---|---|---|---|---|---|
| 男士 | 18~25 | >115 | 105~114 | 98~104 | 89~97 | <88 |
| | 26~35 | >117 | 107~116 | 98~106 | 89~97 | <88 |
| | 36~45 | >119 | 112~118 | 103~111 | 95~102 | <94 |
| | 46~55 | >122 | 116~121 | 104~115 | 97~103 | <96 |
| | 56~65 | >119 | 112~118 | 102~111 | 98~101 | <97 |
| | 65+ | >120 | 114~119 | 103~113 | 96~102 | <95 |
| 女士 | 18~25 | >125 | 117~124 | 107~116 | 98~106 | <97 |
| | 26~35 | >128 | 119~127 | 111~118 | 98~110 | <97 |
| | 36~45 | >128 | 118~127 | 110~117 | 102~109 | <101 |
| | 46~55 | >127 | 121~126 | 114~120 | 103~113 | <102 |
| | 56~65 | >128 | 118~127 | 112~117 | 104~111 | <103 |
| | 65+ | >128 | 122~127 | 115~121 | 101~114 | <100 |

自我身体评价

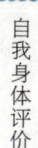

**注意事项**

如锻炼者经过努力仍无法达标，或出现头晕、胸闷、出冷汗等症状，应立即终止测试。运动中应特别考虑运动强度，以防止出现意外。

## 锻炼目标

锻炼目标应根据锻炼者不同的身体状况来确定，可分为近期目标和远期目标。此外，确定锻炼目标还应结合锻炼者的运动意向、愿望、兴趣，以及本人的健康状况、疾病程度等因素来进行。

### 近期目标

近期目标是指锻炼者近期应达到的目标。在进行运动之前，应首先明确锻炼目标，即近期目标。选择一两个健康体适能构成要素，作为未来两个月内努力完成的目标，而且应从成功概率较高的构成要素开始，并将预期两个月后要达到的目标做上记号，如提高某个或某些关节的活动幅度，增强某个肌肉群的力量等。

### 远期目标

远期目标是指锻炼者最终要达到的目标。实践证明，经过科学合理的锻炼后，锻炼者是可以达到一般的远期目标的，如提高心肺功能，使其达到优秀的等级，或达到降血脂、防治高血压和冠心病的目的等。

## 运动负荷

运动负荷即运动量。怎样控制运动量，合适的运动时间是多少等，一直是人们争论不休的问题。但有一点是可以肯定的，那就是任何有关身体活动的意见和建议，都需要综合考虑锻炼者的身体状况和所要达到的目标，并以此为依据来制订科学的身体锻炼计划。

## 运动强度

在运动过程中，运动强度过小，则无法达到锻炼的效果；运动强度过大，不仅达不到最佳的锻炼效果，还可能产生一些副作用，甚至出现意外事故。确定运动强度有两种方法，即心率简易推测法和主观感觉疲劳分级表推测法。

### ❄ 心率简易推测法

（1）年龄在 20 岁左右的年轻人，身体健康，能坚持体育锻炼，欲进一步提高身体机能，可取最大心率值（最大心率值 =220－年龄）的 65%～85%。

（2）年龄在 45 岁以下，身体基本健康，有运动习惯者，开始进行健身锻炼，可取最大心率值的 65%～80%，没有运动习惯者，开始进行健身锻炼，可取最大心率值的 60%～75%。

（3）年龄在 45 岁以上，身体基本健康，有运动习惯者，开始进行健身锻炼，可取最大心率值的 60%～75%，没有运动习惯者，建议根据自身情况咨询专业人员来指导和确定运动强度。

### ❄ 主观感觉疲劳分级表推测法　见表 2-1-2

运动的疲劳程度大致分为 10 级，具体为：0～1 级，没感觉；2～3 级，尚轻松；4～5 级，稍累；6～7 级，累；8～9 级，很累；10 级，精疲力竭。因此，健身锻炼的运动强度应控制在主观感觉疲劳程度的 4～7 级。

表 2-1-2　主观感觉疲劳分级表

| 0 没感觉 | · | 2 尚轻松 | · | 4 稍累 | · | 6 累 | · | 8 很累 | · | 10 精疲力竭 |
|---|---|---|---|---|---|---|---|---|---|---|

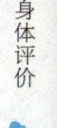

运 动 频 率

运动频率是指每日及每周锻炼的次数。一般每周锻炼 3～4 次，即隔日锻炼 1 次即可。有充足的休息时间，可使机体得到充分的休息，收到更好的锻炼效果。

## 运 动 持 续 时 间

运动强度和运动持续时间，决定了一次锻炼的运动量和热量消耗。运动持续时间与运动强度成反比，运动强度大，运动持续时间可相应缩短，运动强度小，则运动持续时间应相应延长。

一般的健身锻炼，运动持续时间以每天 20～60 分钟为宜，其中包括准备活动时间、健身锻炼时间和整理活动时间。每次健身锻炼应在 20 分钟以上，锻炼可一次性完成，也可分段进行，但每段的活动时间应在 10 分钟以上。

## 第二节

## 运动价值

运动价值是人们一直在探讨的问题。一般认为，运动具有两方面的价值，即健身价值和心理价值。身体和精神的健康是相互依存的，伴随着身体功能的改善，精神状况也能同时得到改善。

 健身价值

健身价值在于提高体适能。体适能包括心肺耐力素质、肌肉力量素质、柔韧性素质和身体成分等。体适能的发展是积极从事锻炼的结果，只有规律性的体育锻炼才能达到最佳的体适能。

## 提高心肺耐力素质

心肺耐力是指全身肌肉进行长时间运动的持久能力，是体内心肺系统对身体各细胞的供氧能力。人体的心脏、肺、血管、血液等组织的功能是心肺耐力的基础，它们与氧气和营养物质的输送以及代谢物的清除有关。健全的心肺功能是健康的基本保证。

系统的体育锻炼，可以使心肌增厚，收缩力加强，心室容积增大，从而使心脏的泵血功能增强，表现为心血输出量增加。

系统的体育锻炼，呼吸系统机能也将得到提高，表现为呼吸肌的力量增强，肺活量、肺通气量明显增加，保证对机体供氧的能力。

系统的体育锻炼，可以促进血管系统的形态、机能和调节能力产生良好的适应力，从而提高机体的工作能力。

系统的体育锻炼，可以使血液系统产生某些适应性变化，如血容量增加、血黏度下降、红细胞膜弹性增强和红细胞变形能力增强等。

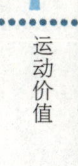

運动价值

## 提高肌肉力量素质

肌肉力量是指肌肉最大收缩产生的对抗阻力或负荷的能力。肌肉力量只有达到一定的程度，才能克服外界阻力，而克服外界阻力是维持日常生活自理、从事各种劳动和运动的必要前提。

系统的体育锻炼，可以提高肌肉的生理横断面积，可以改善神经系统对肌肉收缩的支配功能，还可以提高肌肉内代谢物质的储备量，使肌肉力量得到提高。

## 提高柔韧性素质

柔韧性是指人体各关节的活动幅度，即关节的肌肉、肌腱和韧带等软组织的伸展能力。柔韧性对于保证正常生活质量、维持正常体态、预防损伤发生和减轻损伤程度等方面均起到至关重要的作用。

系统的体育锻炼，还可以延缓因年龄因素而导致的柔韧性下降，预防因缺乏运动而导致的关节结构、周围软组织和膝关节肌肉退化，从而使锻炼者的日常生活、劳动和运动等更加充满活力。

## 改善身体成分

身体成分是指人体体重中的脂肪组织和去脂组织的重量百分比。身体成分中的脂肪成分增加，肌肉成分必然下降。身体中不具备收缩功能的脂肪组织增加，必然导致身体进行各种活动的能力下降，基础代谢水平降低，肥胖症、冠心病、高血压、糖尿病、高血脂等慢性疾病发病率的提高。因此，身体成分是保证人体健康的重要内容之一。

通过系统的体育锻炼，随着锻炼者体质的增强，热量消耗便随之增加，进而燃烧掉体内多余的脂肪，使身体成分得到改善。而身体成分的改善，又可以减少体重对关节可能带来的不利影响，还可以使肥胖者的心理状况得到改善，增强其自信心，使其逐步建立起健康的生活方式。

## 心理价值

研究证明，有规律的体育锻炼不但可以使锻炼者增强体质、促进身体健康、预防一些慢性疾病，还可以提高锻炼者的生活满意度和生活质量，对其心理健康产生积极影响。

体育锻炼的心理健康效应主要表现在六个方面：

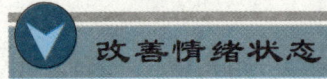

## 改善情绪状态

### ❄ 短期效应

研究发现，体育锻炼对人的情绪状态具有显著的短期效应。运动后人们的焦虑、抑郁、紧张和心理紊乱等症状会明显减轻，而精力和愉快程度则明显增强。而且这种情绪的迅速变化，与锻炼者个体的健康状况、活动形式和活动强度等有着直接的联系。

 **长期效应**

体育锻炼对人情绪的长期效应有着直接的影响，与不锻炼者相比，有规律的锻炼者在较长时期内很少会产生焦虑、抑郁、紧张和心理紊乱等情绪。

## 完善个性行为特征　见表 2-2-1

人们的行为特征一般可以分为两种类型，用 A 型行为特征和 B 型行为特征来表示。A 型行为特征主要表现为性情急躁、争强好胜、容易激动、整天忙碌和做事效率高等。B 型行为特征主要表现为不好竞争、不易紧张、不赶时间、对人随和、喜欢自由自在等。具有 A 型行为特征的人由于过度紧张的情绪反应，会引起内分泌失调，增加心脏病发病的概率。目前的一些研究主要集中在体育锻炼对改变 A 型行为特征的作用方面。研究结果表明，有规律的体育锻炼能明显改变 A 型行为特征。

 表 2-2-1　A、B 型个性行为特征常见表现

| A 型行为特征者常见表现 | B 型行为特征者常见表现 |
| --- | --- |
| 约会从来不迟到 | 对约会很随便 |
| 竞争意识很强 | 竞争意识不强 |
| 别人要讲话时总爱抢先或插话 | 是别人讲话时很好的听众 |
| 总是匆匆忙忙 | 即使有压力也从不匆忙 |
| 等待时缺乏耐心 | 能够耐心等待 |
| 干事时全力以赴 | 处事漫不经心 |
| 同时想干很多事 | 在一段时间里只干一件事情 |
| 讲话喜欢用加强语气，甚至敲桌子 | 讲话语速缓慢、不慌不忙 |
| 做了好事希望能得到别人的认可 | 只要自己满意即可，不管别人怎样想 |
| 吃饭、走路都很快 | 做事情很慢 |
| 不善与人相处 | 为人随和 |
| 容易暴露自己的感情 | 能控制自己的感情 |
| 具有广泛的兴趣 | 没什么业余爱好 |
| 雄心壮志 | 满足于目前的工作和学习状况 |

运动价值

## 确立良好自我概念

自我概念是指个体对自己身体、思想和情感的主观整体评价，它由许多自我认识组成，包括我是什么人、我主张什么和我喜欢什么等。

坚持体育锻炼，可以使锻炼者体格强健、精力充沛、提高驾驭身体的能力，从而改善对自身的满意程度，确立良好的自我概念。

## 改变睡眠模式

根据脑电图的显示，人的睡眠可以分为两种状态，即慢波睡眠状态和快波睡眠状态。前者为浅度睡眠状态，后者为深度睡眠状态。一夜之间两种睡眠状态会交替发生 4～5 次。

有规律的体育锻炼不仅对慢波睡眠有促进作用，而且能缩短入眠的潜伏期，并延长睡眠的时间。

## 改善认知能力

体育锻炼还能改善人的认知过程，避免反应时间过长、注意力不集中和思维混乱等症状的发生，尤其对老年人的认知能力改善效果更为明显。

## 增加心理治疗效应

体育锻炼被公认为是一种心理治疗的好方法。目前人群中常见的心理疾患是抑郁症和焦虑症。研究发现，体育锻炼是治疗抑郁症的有效手段之一，抑郁症患者经过有规律的体育锻炼，抑郁症状能明显减轻。

体育锻炼还具有治疗焦虑症的作用，通过有规律的体育锻炼，可以使锻炼者的焦虑症状明显改善。

## 第三节

### 运动保护

　　在运动过程中，人体机能会随时发生变化。因此，应针对这种机能变化的特点来进行体育锻炼，也就是我们所说的运动保护。运动保护一般包括运动前准备、运动后放松和自我养护三个方面。

## 运动前准备

　　准备活动是指在正式运动之前进行的有目的的身体练习。做好充分的准备活动，可以缩短机体进入最佳状态的时间，同时还可以预防运动损伤的发生，为机体发挥最大的工作效率做好功能上的准备。

### 准备活动的作用

#### ✿ 提高中枢神经系统兴奋状态

　　(1)使大脑反应速度加快，参加活动的运动中枢神经相互协调。
　　(2)为正式运动时生理机能达到适宜程度提前做好准备。

#### ✿ 提高机体代谢水平

　　(1)准备活动可以使锻炼者体温升高，降低肌肉黏滞性，使肌肉的伸展性、柔韧性和弹性增强，从而有效预防运动损伤的发生。
　　(2)准备活动可以增强体内代谢酶的活性，使物质代谢水平提高，以保证运动时有较充分的能量供应。

#### ✿ 克服内脏器官生理惰性

　　(1)准备活动可以提高心血管系统和呼吸系统的机能水平，使肺通气量及心血输出量增加。
　　(2)可以使心肌和骨骼肌的毛细血管扩张，使其工作肌获得更多的氧，从而克服内脏器官的生理惰性，使之尽快达到最佳状态。

## 增加皮肤毛细血管血流量

准备活动可以使皮肤毛细血管的血流量增加，运动后毛细血管扩张，有利于散热，降低体温，有效防止开始正式活动时由于体温过高而影响运动能力。

# 准备活动要求

## 准备活动时间

(1)准备活动的时间可以根据运动项目的具体情况确定，一般以10~30分钟为宜。

(2)准备活动与正式运动的间隔时间，一般以不超过15分钟为宜，可以在做完准备活动后立刻进行正式运动。

## 准备活动强度

(1)准备活动的强度和量应较正式运动小，以免引起不必要的疲劳。

(2)准备活动的量可以由心率来决定，心率以100~120次／分为宜。

# 准备活动内容

## 一般性准备活动

一般性准备活动的内容多以伸展运动开始，然后进行一般性的跑步、徒手体操等活动。

下面介绍一套常用的一般性准备活动操，供锻炼者运动前使用。这套活动操主要包括头部运动、肩部运动、扩胸运动、体侧运动、体转运动、髋部运动和踢腿运动等。

图 2-3-1

### 头部运动

头部运动的动作方法（见图 2-3-1）：两手叉腰，两脚左右开立，做头部向前、向后、向左、向右，以及绕环运动。

### 肩部运动

肩部运动的动作方法（见图 2-3-2）：手扶肩部，屈臂向前、向后绕环，以及直臂绕环。

图 2-3-2

### 扩胸运动

扩胸运动的动作方法（见图 2-3-3）：屈臂向后振动及直臂向后振动。

### 体侧运动

体侧运动的动作方法（见图 2-3-4）：两脚左右开立，一手叉腰，另一臂上举，并随上体向对侧振动。

### 体转运动

体转运动的动作方法（见图 2-3-5）：两脚左右开立，两臂体前屈，身体向左、向右有节奏地扭转。

### 髋部运动

髋部运动的动作方法（见图 2-3-6）：两脚左右开立，两手叉腰，髋关节放松，向左、向右 360 度旋转。

图 2-3-3

### 踢腿运动

踢腿运动的动作方法（见图 2-3-7）：两臂上举后振，同时一腿向后半步，重心置于前腿，两臂下摆后振，同时向前上方踢腿。

图 2-3-4

图 2-3-5

图 2-3-6

图 2-3-7

## 专门性准备活动

专门性准备活动的动作方法、节奏和强度等与正式锻炼相似，目的是使人体主要肌群在运动前得到动员，为正式锻炼做好准备。

## 运动后放松

运动后放松是指运动之后所进行的一些能够加速机体功能恢复的、较轻松的身体活动。与运动前准备活动相反，其目的是使锻炼者的生理机能水平逐步得到恢复。

## 放松方法

### 运动性手段

（1）运动结束后，锻炼者可采用变换运动部位的方法来消除疲劳，如上肢出现疲劳时可做一些慢跑运动，下肢出现疲劳时可做一些上肢运动。

（2）转换运动类型也是一种不错的放松方法，如打羽毛球出现疲劳时，可从事瑜伽运动来达到放松的目的。

（3）还可以用调整运动强度的方法来缓解疲劳，如可以在放松过程中，采用小强度的轻微运动方法等。

### 整理活动　见图 2-3-8

（1）整理活动是指运动后所做的一些能够加速机体功能恢复的身体活动，如剧烈运动后进行 3～5 分钟慢跑或其他整理活动，使身体机能得以恢复。

（2）剧烈运动后如不做整理活动而骤然停止动作，会影响氧气的补充和静脉血的回流，使机体血压降低，引起不良反应。

运动保护

图 2-3-8

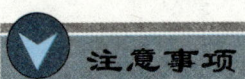

（1）在进行整理活动时动作应缓慢、放松，运动量不要过大，否则会引起新的疲劳。

（2）在进行整理活动时，应当保持心情舒畅、精神愉快。

锻炼后，锻炼者感觉身体疲劳是一种正常的生理现象，是体育锻炼过程中的正常反应，随着体育锻炼时间的延长，疲劳症状会自然消失。运动性疲劳出现后，锻炼者如果采用一些自我养护措施，可以加速身体机能的恢复，尽快消除疲劳，提高锻炼效果。常见的自我养护方法主要包括运动后休息、合理营养和物理手段等三种。

**静止性休息**　见图 2-3-9

（1）静止性休息是指锻炼者运动后保持机体相对的静止状态，以促进身体机能的恢复，尽快消除疲劳。

（2）静止性休息的最佳方式之一是睡眠，特别是刚开始从事锻炼者，身体不适应或疲劳症状明显时，更应该保证足够的睡眠，否则，锻炼者虽然积极参加了体育锻炼，但收效甚微，甚至会导致过度疲劳症状的发生。

（3）静止性休息更适合于消除全身运动导致的整体疲劳症状。

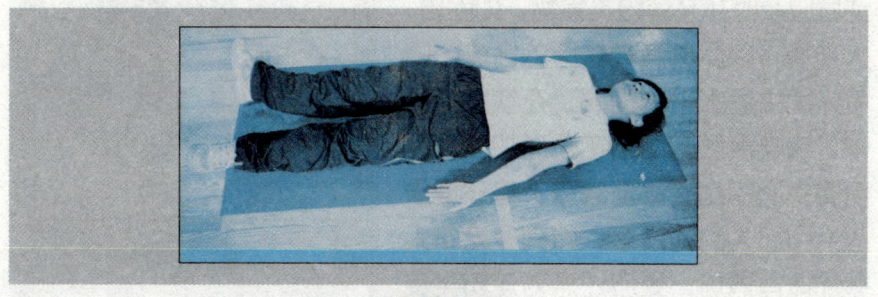

图 2-3-9

 **积极性休息**　　见图 2-3-10

（1）积极性休息更适合由于少量肌肉群参与工作而导致的局部疲劳，或运动强度较大而导致的快速疲劳。

（2）积极性休息可以加速血液循环，有利于代谢物排出体外，对促进身体机能的恢复具有明显的效果。

图 2-3-10

 见图2-3-11

小强度、长时间的运动形式，主要是靠糖原的有氧代谢提供能量。运动后应及时补充淀粉类食物，如面粉、大米等，以促进消耗糖原的合成。随着人民生活水平的提高，在饮食结构中，肉类食品的比重不断增加，而淀粉类食品的比重逐渐减少，这一现象应当引起人们的注意，特别是老年人参加体育锻炼，更应注意对淀粉类食物的补充。

图2-3-11

强度较大、时间又相对较长的运动形式，主要是靠糖原的无氧代谢提供能量。这样，糖原无氧代谢产物——乳酸便会在体内大量堆积。因此，运动后应多补充蔬菜、水果等碱性食品，以加速乳酸的清除，达到尽快消除疲劳的目的。

## 物理手段

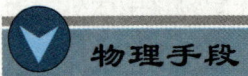 见图2-3-12

（1）通过刺激神经末梢、皮肤结缔组织和毛细血管的按摩方法，可以使紧张的肌肉得以放松，从而改善局部组织和全身的血液循环，达到促进身体机能恢复的目的，这种方法可以在锻炼后马上进行。

（2）此外，还可以采取缓慢牵拉肌肉的方法，使收缩的肌肉得到充分的伸展放松。

### 水疗及电疗

（1）水疗包括芬兰式蒸汽浴、热水浴和桑拿浴等多种形式，主要作用是通过提高体温，促进血液循环，清除代谢物，以达到尽快消除疲劳、恢复体力的目的。

（2）水疗的时间一般以不超过30分钟为宜，如果时间过长，会进一步消耗体力，严重时甚至会出现暂时性脑缺血现象。

（3）如果条件允许，还可对疲劳的肌肉进行低频治疗。低频治疗仪的原理是模拟针灸疗法，使用时将电极用不干胶对称地粘贴在运动部位表皮上。这种疗法可以促进局部血液循环，改善组织代谢，缓解肌肉酸痛，消除疲劳。

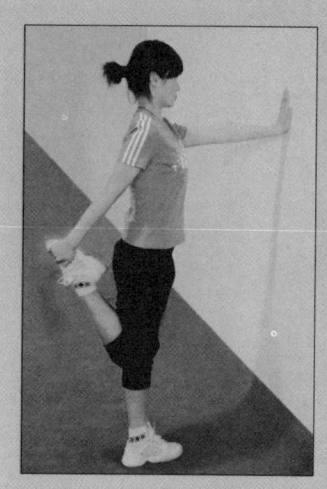

图 2—3—12

# 第三章 室外有氧运动

　　室外有氧运动是指在室外进行的运动时间较长，运动强度适中的韵律性运动。运动要缓慢而有节奏，使身体各个部位在有氧的环境下达到最佳的运动效果。室外有氧运动包括健步走和健身跑等。

## 第一节

### 健步走

健步走是一项以促进身心健康为目的,讲究姿势、速度和时间的步行运动。健步走不受年龄、时间和场地的限制,不同年龄的人群可以根据自己的时间随时随地进行锻炼。运动装备简单,不易发生运动伤害。健步走包括散步走、倒步走和快步走等。

散步走是指闲散、从容地行走。通过散步走,可使全身关节得到适度的运动,持之以恒,能起到强健身体、延年益寿的作用。散步走包括普通散步、手臂背向散步、摆臂散步、摩腹散步和倒步走等。

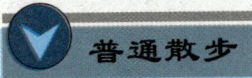

**动作方法** 见图 3-1-1

(1)躯干伸直,收腹、挺胸、抬头,肘关节自然弯曲,以肩关节为轴,自然前后摆臂,同时腿向前迈,脚跟先着地,过渡到前脚掌,然后推离地面。

(2)上下肢协调运动,并配合均匀的呼吸。

**技术要点**

(1)身体保持自然正直,抬头、挺胸,收腹、收臀,保持脊柱呈一直线。

(2)两肩放松,手臂自然下垂。

**错误纠正**

散步时易出现速度过快、身体姿势不正确等问题。因此,应根据身体状况调节步速,慢动作进行练习,体会动作要领。

图 3-1-1

## 手臂背向散步

### 动作方法 见图 3-1-2

躯干伸直,收腹、挺胸、抬头,两手放于背后,自然交叉,同时腿向前迈,脚跟先着地,过渡到前脚掌,然后推离地面。

### 技术要点

身体保持自然正直,抬头、挺胸,收腹、收臀,保持脊柱呈一直线。

### 错误纠正

散步时易出现速度过快、身体左右摇晃等问题。因此,应根据身体状况调节步速,慢动作进行练习,保持好身体平衡。

图 3-1-2

### 摆臂散步

**动作方法** 见图3-1-3

躯干伸直，收腹、挺胸、抬头，两臂随步伐做较大幅度摆动，同时腿向前迈，脚跟先着地，过渡到前脚掌，然后推离地面。

**技术要点**

身体保持自然正直，两臂前后摆动，两手自然握拳。

**错误纠正**

散步时易出现速度过快、身体左右摇晃等问题。因此，应根据身体状况调节步速，慢动作进行练习，保持好身体平衡。

### 摩腹散步

**动作方法** 见图3-1-4

图3-1-3

躯干伸直，收腹、挺胸、抬头，行走时两手旋转按摩腹部，每走一步按摩一周，正反方向交替进行。

**技术要点**

身体保持自然正直，抬头、挺胸，收腹、收臀，保持脊柱呈一直线。

**错误纠正**

散步时易出现速度过快、身体左右摇晃等问题。因此，应根据身体状况调节步速，慢动作进行练习，保持好身体平衡。

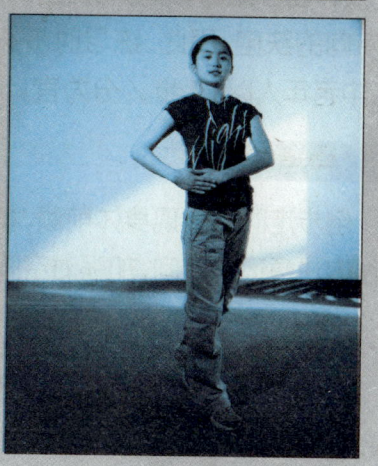

图 3—1—4

 倒步走

倒步走即反向行进,倒着走步。其动作简单,容易掌握,不论年龄大小、男女老少,都可以进行锻炼。经常进行倒步走,有利于肢体骨骼的保养。

**动作方法** 见图 3-1-5

(1)两腿交替向后迈步,右腿支撑,左腿屈膝,后摆下落,前脚掌先着地,再过渡到全脚掌着地,身体重心随之移至左腿,右腿屈膝,后摆下落,前脚掌先着地,再过渡到全脚掌着地。

(2)全身放松,身体直立,胸部挺起,膝关节不要弯曲,两臂协同两腿前后自然摆动。

**技术要点**

(1)上体保持自然直立,目光平视,不应抬头后仰。

(2)后退时,支撑腿用力挺直,膝盖不能弯曲。

(3)倒步走时,练习者对空间的知觉能力明显下降,容易发生向各个方向的跌倒,因此,练习时步速不应太快,走步过程中要掌握好方向,中老年人以 60 步／分为宜。

**错误纠正**

倒步走时易出现身体前倾,掌握不好平衡等问题。因此,应在锻炼过程中注意运动方向,加强对空间和知觉的感知辨别能力。

图 3-1-5

## 快步走

快步走是一种步幅适中、步速较快（130～150 米／分）、运动量略大的走步运动。经常练习可以提高练习者身体的协调性。

### 动作方法 见图 3-1-6

（1）两臂配合两腿协同摆动，前摆时肘部呈 90 度角，手臂高度不高于胸，两臂在体侧自然摆动，摆幅随步幅的变化而变化。

（2）两腿交换频率快，步幅尽量稳定，前摆腿的脚跟着地后迅速滚动至前脚掌，后脚随之离地。

（3）两脚以脚内侧为准，沿直线进行，臀部随迈步动作略转动，但不宜过大。

（4）步速均匀，也可以变速走，但不能出现腾空。

### 技术要点

（1）身体适度前倾 3～5 度，抬头，肩背，挺胸、收腹、收臀。

（2）步幅适当，提高速度主要靠加快步频，老年人 5～7 千米／小时，快走 30 分钟左右，放松心率控制在 120 次／分以下，中年人脉搏控制在 120～150 次／分较宜。

（3）冬天快步走之前，应先慢步走，走至脚发热后再进行快步走。

### 错误纠正

快步走时易出现运动量掌握不好、呼吸不均匀等问题。因此，应在练习前做好充分的准备活动，在练习中循序渐进地增加运动负荷。

图 3—1—6

# 第二节

## 健身跑

健身跑的运动强度大于步行，属于中等强度的运动方式。其运动量容易控制，不受性别、场地、时间的限制，是一种理想的有氧运动健身方式。健身跑包括小步跑和长距离慢跑等。

 小步跑

小步跑是指在跑步过程中，步频较快、步幅较小的一种跑步方式。小步跑练习可以提高呼吸系统和心血管系统功能。

### 动作方法　见图 3-2-1

（1）上体正直或略前倾，身体不要后仰，重心抬高，骨盆前挺，全身舒展；

（2）膝关节放松，两腿交替屈膝抬起后，迅速放松下落，小腿顺势前摆，用前脚掌着地，完成"扒"地动作，并迅速伸直踝、膝、髋关节。

（3）两臂屈肘，肩部放松，配合两腿动作前后摆动。

### 技术要点

（1）脚不要抬高，脚尖离地面约 15～20 厘米。

（2）开始锻炼时，应以较慢的速度或接近快步走的速度进行小步跑，这样运动负荷小，锻炼后恢复也较快。

### 错误纠正

练习时易出现全身不放松、呼吸不均匀、运动量掌握不好等问题。因此，应在练习前做好充分的准备活动，在练习中循序渐进地增加运动负荷。

图 3-2-1

 长距离慢跑 ◆◆◆◆◆◆◆◆◆

　　长距离慢跑是指在跑步过程中,步频较慢、步幅适中的一种跑步
方式。长距离慢跑练习,可以改善新陈代谢,锻炼心肺功能,提高有氧
运动耐力。

**动作方法** 见图 3-2-2

（1）身体略前倾（约 5 度左右）或呈正直，躯干不要左右摇摆，头部与上体呈一直线，面部和颈部的肌肉放松，目视前方。

（2）在大腿前摆的过程中，小腿保持放松和自然下垂，当后蹬结束时，摆动腿的小腿和蹬地的大腿近于平行。

（3）大腿再向前抬起时，应快速下压，小腿做前摆动作。

（4）大腿开始下落时，膝关节自然伸直。

（5）脚与地面接触之后，落地腿的膝关节略弯曲，再向前摆动时，应略向内偏。

**技术要点**

（1）每次慢跑控制在 30～50 分钟，每周至少 3 次，心率控制在 110～150 次／分。

（2）跑步时应注意呼吸的节奏，呼吸节奏可以两步一呼、两步一吸，或者三步一呼、三步一吸，应尽量腹式深呼吸。

**错误纠正**

练习时易出现活动量度掌握不好、锻炼不规律、呼吸不均匀等问题。因此，应在练习前做好充分的准备活动，在练习中循序渐进地增加运动负荷。

图 3-2-2

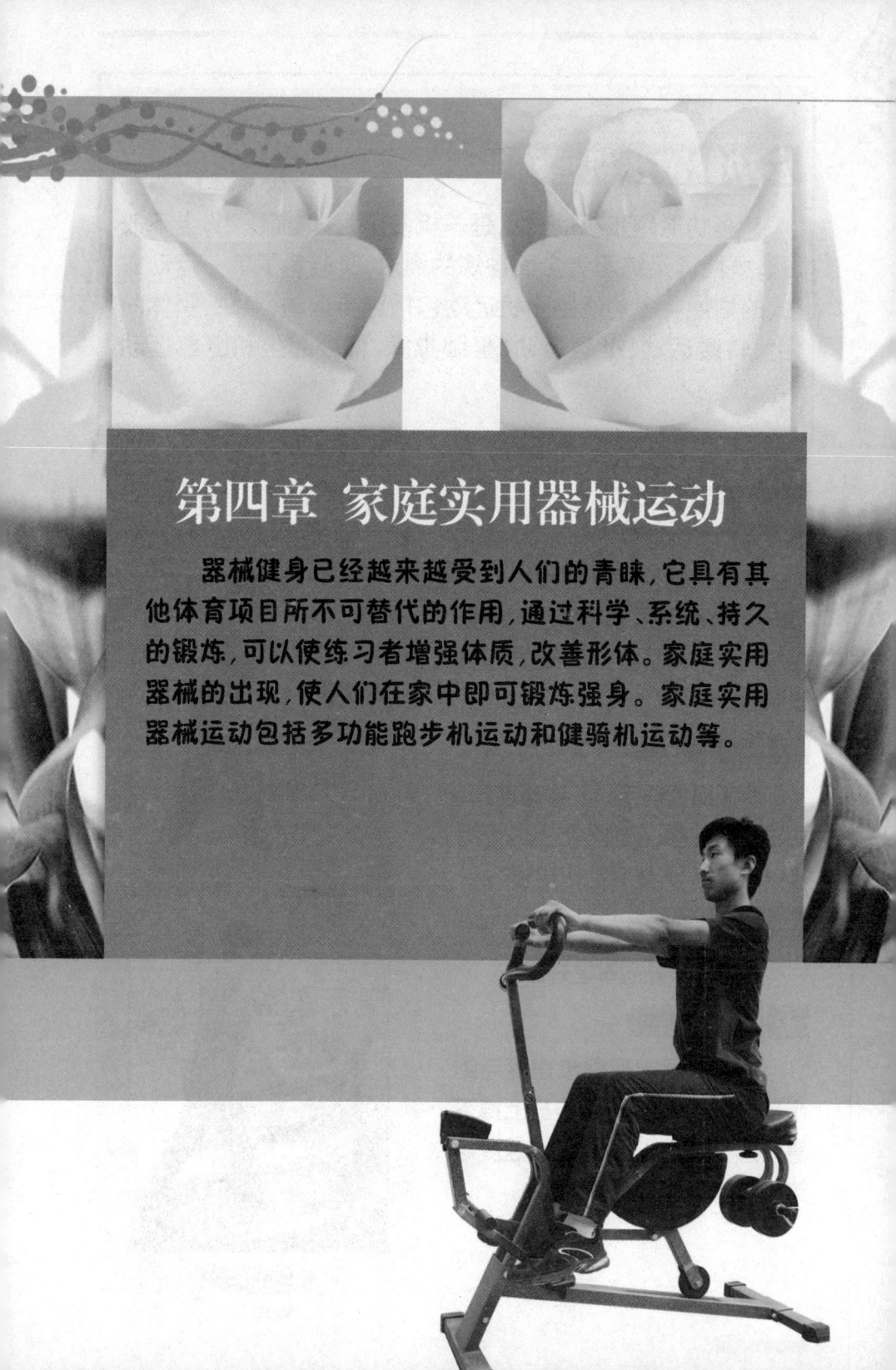

# 第四章 家庭实用器械运动

　　器械健身已经越来越受到人们的青睐，它具有其他体育项目所不可替代的作用，通过科学、系统、持久的锻炼，可以使练习者增强体质，改善形体。家庭实用器械的出现，使人们在家中即可锻炼强身。家庭实用器械运动包括多功能跑步机运动和健骑机运动等。

## 第一节

# 多功能跑步机运动

多功能跑步机的特点是一机多用，占地面积小，上下兼顾，既能满足练习者全面锻炼的需求，又避免了单一运动方式的枯燥。多功能跑步机运动包括跑步运动、点跳、引体向上、转腰运动、挺腰运动、坐卧推举、仰卧起坐和腿部运动等。

跑步运动是指在跑步机上跑步进行身体锻炼，它能够加速周身血液循环，调整全身血液分布，消除淤血现象。

### 动作方法　见图 4-1-1

两手抓握扶手，上体略前倾，两腿交替前移，在跑步带上进行跑步或行走练习，体会动作要领。

### 技术要点

步幅和步频应掌握好。

### 错误纠正

练习时易出现跑步速度与跑步带速度不一致、从跑步机上掉下等问题。因此，应注意跑步速度与跑步带速度同步。

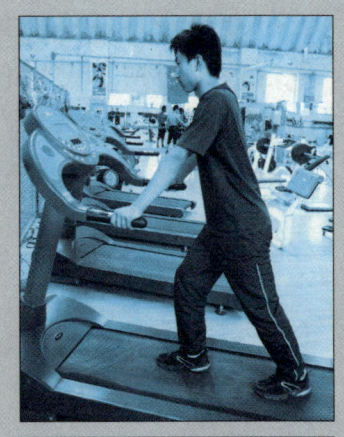

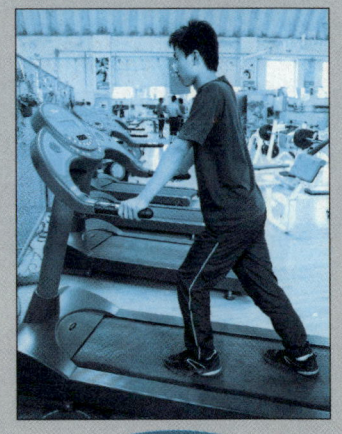

图 4-1-1

 **点跳**

点跳是指练习者两手扶在跑步机两侧的扶手上,两脚交替进行弹跳,它可以提高下肢的灵活性,增强下肢力量。

**动作方法** 见图4-1-2

两手撑握扶手,蹬地向上跳起,前腿屈膝尽量高抬,后腿小腿向上弯举,与大腿约呈90度角。

**技术要点**

蹬地时向上用力,动作幅度要大,两腿衔接自然。

**错误纠正**

练习时易出现身体重心掌握不好等问题。因此,应将身体重心保持在一条垂线上,不能前倾或后仰过大,以防从跑步机上掉下来。

 **引体向上**

引体向上是指在跑步机上做引体向上的锻炼活动。通过练习,可以使上肢的肌肉耐力和爆发力得到增强。

**动作方法** 见图4-1-3

仰卧跑步带上,两腿并拢伸直,两手抓握扶手,屈臂做引体向上。

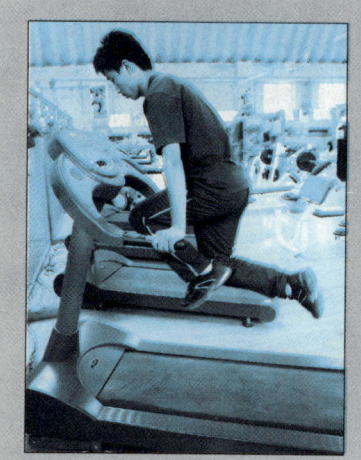

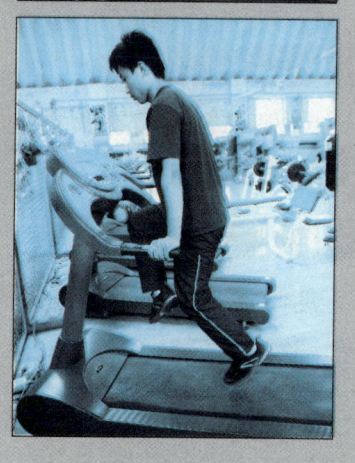

图4-1-2

### 技术要点

两臂缓慢伸直，躯干不得弯曲。

### 错误纠正

练习时易出现腰部过于放松、躯干弯曲等问题。因此，应加强腰部力量，注意躯干不得弯曲。

图 4-1-3

 转腰运动

转腰运动是指在跑步机上通过转腰锻炼，提高腰部的灵活性。

### 动作方法　见图 4-1-4

两脚并拢，直立在转盘上，两手握住扶手或叉腰，用腰部力量向左、右转动至极限。

### 技术要点

动作应缓慢进行，身体保持直立。

### 错误纠正

练习时易出现身体不平衡、转动幅度过大等问题。因此，应稳定好身体重心，转动幅度要由小到大。

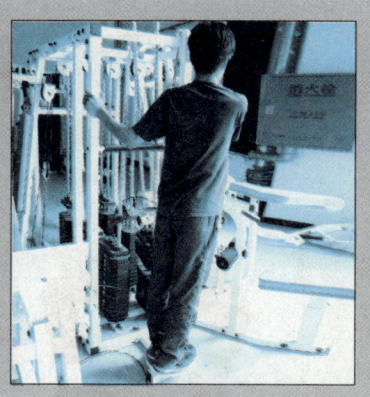 

图 4-1-4

## 挺腰运动 ◆◆◆◆◆◆◆◆

挺腰运动是指在跑步机上通过挺腰锻炼，增强腰腹部的力量。

**动作方法** 见图 4-1-5

两脚蹬在跑步机上，两手抓握扶手，用挺腰的力量使身体慢慢直立。

**技术要点**

还原动作时要慢，使背肌充分伸展。

**错误纠正**

练习时易出现腰部过于放松，躯干弯曲等问题。因此，应加强腰部力量，注意躯干不得弯曲。

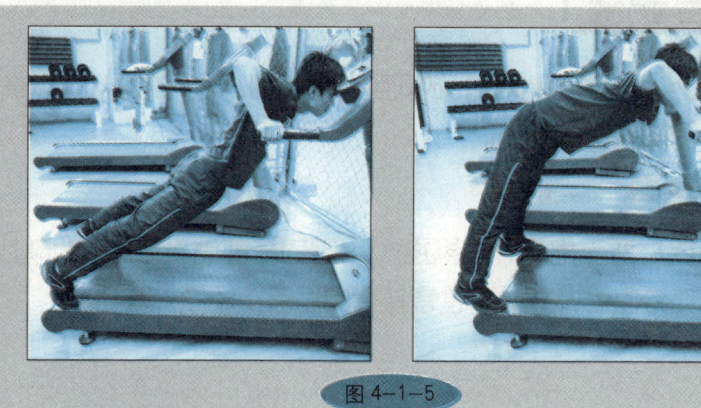

图 4-1-5

坐卧推举是指通过手臂进行推举运动,有效地增强上肢力量和肩关节的灵活性。

**动作方法** 见图4-1-6

靠坐在座椅上,两腿屈膝,两脚放在前端横梁上,两手各持握把,向上推举。

**技术要点**

(1)腰部要靠在椅背上,身体要正。

(2)背部要紧贴在斜板上,不能抬起。

**错误纠正**

练习时易出现上体前倾或后仰等问题。因此,应保持上体正直,防止运动损伤。

图4-1-6

仰卧起坐是指在跑步机上做仰卧起坐练习。经常练习,可以增强腹肌力量,消耗腹部的脂肪。

**动作方法** 见图4-1-7

身体仰卧,两手抱头,两腿屈膝,用脚钩住前端横梁,上体向上弯起,至腹肌充分收缩,略停,再慢慢直背向后落下还原。

家庭实用器械运动

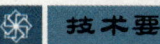

**技术要点**

(1)向上起时略快,下落时略慢,幅度要大。

(2)用腰部发力,腿部尽量不用力,不能靠勾脚的力量起上体。

**错误纠正**

练习时易出现动作节奏掌握不好、腿部用力过大等问题。因此,应尽量用腹肌力量来完成动作,快起、慢落。

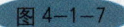

图4—1—7

腿部运动是指在跑步机上进行腿部锻炼,以增强腿部肌肉力量和膝关节的灵活性。

**动作方法** 见图4—1—8

两脚踏在脚踏板上,两手握住把手,两腿依次做伸屈运动。

**技术要点**

(1)上体要保持直立,身体要协调。

(2)根据实际能力,调节阻力旋钮来改变运动强度。

**错误纠正**

练习时易出现负荷过大等问题。因此,应根据实际能力,按负荷由小到大进行。

图 4-1-8

## 第二节

### 健骑机运动

　　健骑机是被誉为"时尚健身器"的一种家庭健身器。与其他健身器相比，它造型别致，结构简单，主要由支架、骑座、扶手和脚蹬架组成，是养生、娱乐、康复、保健的理想选择。健骑机运动包括普通式、伸展式、屈臂式、直臂式、腿压式和腕力式等。

### 普通式

　　普通式是健骑机上最简单的一种运动方式，主要靠上下肢的协调配合来完成动作，能够很好地锻炼练习者身体的协调性。

**动作方法** 见图 4-2-1

　　（1）坐在骑椅上，上体前倾，目视前方，两臂直臂向前平伸握扶手，两脚踩在脚蹬架上。

　　（2）两臂屈肘后拉，同时两腿用力下蹬，使身体几乎呈直立。

## 技术要点

两手紧握扶手,脚踩好脚蹬。

## 错误纠正

练习时易出现上下肢动作配合不协调等问题。因此,应根据身体状态把握好运动频率。

### 伸展式

伸展式是在健骑机上做身体伸展的一种运动方式,能够对练习者的身体进行充分拉伸,提高身体的柔韧性。

## 动作方法 见图4-2-2

(1)坐在骑椅上,上体尽量前屈,腹部贴近大腿,低头,两臂直臂向前平伸握扶手,两脚踩在脚蹬架上。

(2)两臂直臂后拉,同时两脚用力下蹬,上体后仰,身体充分伸展,呈反弓形。

## 技术要点

两手紧握扶手,脚踩好脚蹬,上体充分伸展。

## 错误纠正

练习时易出现上下肢动作配合不协调等问题。因此,应根据身体状态把握好运动频率。

图 4-2-1

图 4-2-2

**屈臂式**

屈臂式是在健骑机上用屈臂的力量进行运动的一种方式，能够很好地锻炼练习者上肢的肌肉力量。

❀ **动作方法**　见图 4-2-3

（1）坐在骑椅上，上体直立，两臂直臂向前平伸握扶手，两脚踩在脚蹬架上。

（2）用手臂的力量（两腿被动用力），屈肘后拉扶手于腹前，上臂紧贴体侧，使身体几乎呈直立。

❀ **技术要点**

两手紧握扶手，脚踩好脚蹬，屈臂，身体直立。

❀ **错误纠正**

练习时易出现上下肢动作配合不协调等问题。因此，应根据身体状态把握好运动频率。

图 4-2-3

直臂式是在健骑机上进行直臂运动的一种运动方式,能够使练习者的腹背部肌肉力量得到提高。

**动作方法** 见图4-2-4

(1)坐在骑椅上,上体直立,两臂直臂向前平伸握扶手,两脚踩在脚蹬架上。

(2)用手臂直臂下压的力量(两腿被动用力),使身体展开。

**技术要点**

身体略前倾,上体与两腿之间夹角约呈150度。

**错误纠正**

练习时易出现上下肢动作配合不协调等问题。因此,应根据身体状态把握好运动频率。

图4-2-4

健骑机运动

腿压式是在健骑机上用腿下压的力量进行运动的一种方式,主要锻炼练习者的下肢肌肉力量。

**动作方法** 见图4-2-5

(1)坐在调高后的骑椅上,两臂直臂向前下伸握扶手,两脚踩在脚蹬架上,大小腿之间夹角约呈90度。

(2)用两腿向下蹬压的力量使身体直立,同时两臂被动用力,屈肘后拉至极限,使肘部位于体后。

## 技术要点

腿部主动发力，使上体抬起。

## 错误纠正

练习时易出现上下肢动作配合不协调等问题。因此，应根据身体状态把握好运动频率。

图 4-2-5

 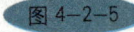

腕力式是在健骑机上用压腕的力量进行运动的一种方式，主要锻炼练习者上臂的肌肉力量。

## 动作方法　见图 4-2-6

（1）坐在调成水平的骑椅上，两臂向前平伸握扶手，两脚踩在脚蹬架上，大小腿之间夹角小于 90 度。

（2）用手腕回牵和脚踝下压的力量，使身体呈直立。

## 技术要点

手腕主动发力，使上体抬起，动作要协调。

练习时易出现上下肢动作配合不协调等问题。因此，应根据身体
状态把握好运动频率。

图4-2-6

# 第五章 轻器械运动

　　轻器械运动是指在徒手动作的基础上,手持轻器械进行练习。它的特点是,在身体各部位运动的基础上,充分利用器械的特点和条件,通过变化器械的练习,调整运动强度。轻器械运动包括绳操和棍操等。

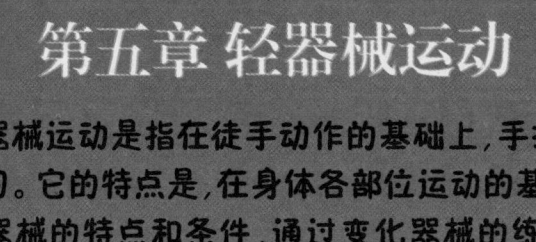

## 第一节

### 绳操

　　绳操是我国普及开展的传统性体育运动项目之一。通过各种绳操练习，能够增强练习者的腿部力量，发展弹跳力、灵敏性和耐力等，对于促进运动器官和心脑血管系统功能有重要作用。绳操包括上肢运动、四肢运动、扩胸运动、腿部运动、体侧运动、体转运动、全身运动和跳跃运动等。

 上肢运动

　　上肢运动是指利用体操绳做各种持绳上举、侧举和平举的动作，能够提高练习者上肢的灵活性，包括2个8拍。

🌸 **动作方法**　见图5-1-1

　　（1）预备姿势：身体呈直立，双手体前持三折绳。

　　（2）第一个8拍：1拍，左腿向左侧一步，两手持绳前举；2拍，两手向内翻腕，使绳绕手腕一圈，同时两臂上举；3拍，两臂肩侧屈，并将绳置于颈后；4拍，两臂上举，同时双手向外翻腕一圈，使绳放开；5～6拍，左、右手臂依次向后转肩，呈后下举；7～8拍，左、右手臂依次向前转肩，还原呈预备姿势。

　　（3）第二个8拍：与第一个8拍动作相同。

🌸 **技术要点**

　　（1）持绳对折要快。

　　（2）持绳要同肩宽。

　　（3）身体保持直立。

🌸 **错误纠正**

　　练习时易出现持绳方法不正确、拇指没有内扣等问题。因此，应反复做对折持绳练习，可将拇指与食指用胶布粘上。

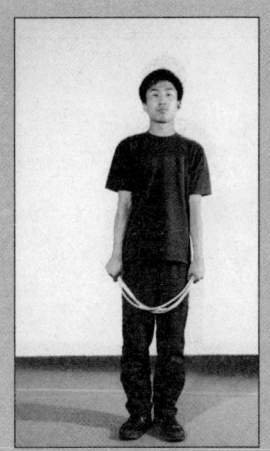

预备姿势

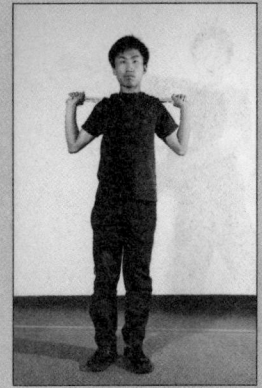
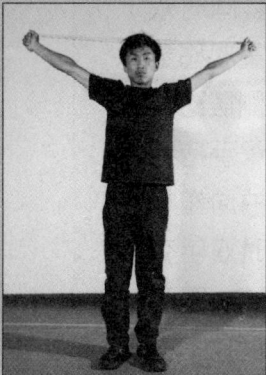

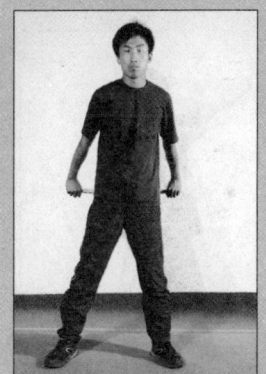

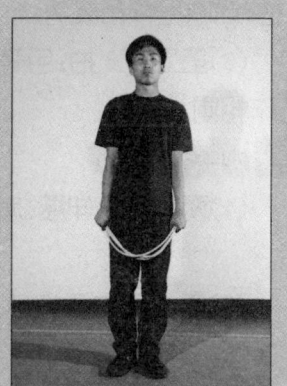

第一个 8 拍(1～8 拍)

图 5--1--1

## 四肢运动

四肢运动是指利用体操绳使上下肢协调配合，做各种组合动作，主要练习身体的协调性，包括 2 个 8 拍。

### 动作方法　见图 5-1-2

（1）预备姿势：身体呈直立，两臂体前持绳两端。

（2）第一个 8 拍：1 拍，左腿向左侧一步，重心移至左腿，同时双手持绳向左侧摆动；2 拍，重心移至右腿，同时双手持绳向右侧摆动；3 拍，右腿并于左腿，同时双手持绳向下绕环一周；4 拍与 1 拍动作相同；5 拍，两腿呈开立，同时双手交叉持三折绳；6 拍，两脚开立，同时双手持绳上举；7 拍，左腿并于右腿，屈膝半蹲，同时双手持绳前举；8 拍，还原呈预备姿势。

（3）第二个 8 拍：与第一个 8 拍动作相同。

### 技术要点

（1）两臂充分伸展，肩关节要灵活。

（2）手腕用力要均匀。

### 错误纠正

练习时易出现手臂弯曲乱晃、两臂不放松等问题。因此，应先做

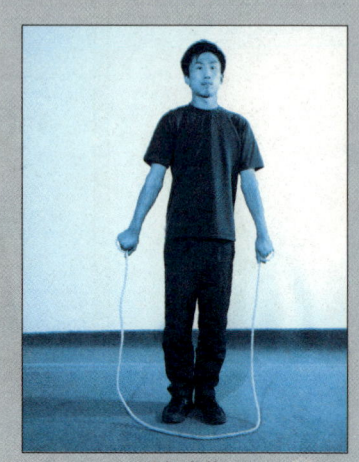

预备姿势

徒手练习，熟悉动作以后再持绳练习。

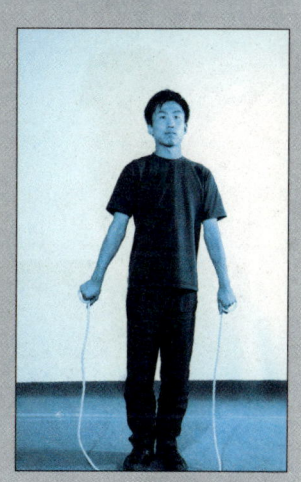

第一个 8 拍 (1~8 拍)

图 5-1-2

## 扩胸运动

扩胸运动是利用体操绳做各种扩胸练习的动作组合，主要练习肩关节和胸部肌肉的灵活性，包括 2 个 8 拍。

**动作方法** 见图 5-1-3

（1）预备姿势：身体呈直立，双手体前持三折绳。

（2）第一个 8 拍：1 拍，左腿向左侧一步呈开立，双手持绳前平举。

2拍,双手持绳肩侧屈,扩胸一次;3拍,两臂伸直呈侧上举;4～5拍,两臂向左侧绕环一周呈上举;6拍,双手前平举持绳;7拍,左臂侧举,右臂胸前平屈,扩胸一次;8拍,还原呈预备姿势。

(3)第二个8拍:与第一个8拍动作相同。

### ❋ 技术要点

持绳后振时要尽量用力,双手要将绳拉直。

### ❋ 错误纠正

持绳后振时易出现两臂弯曲等问题。因此,应注意两臂不要弯曲。

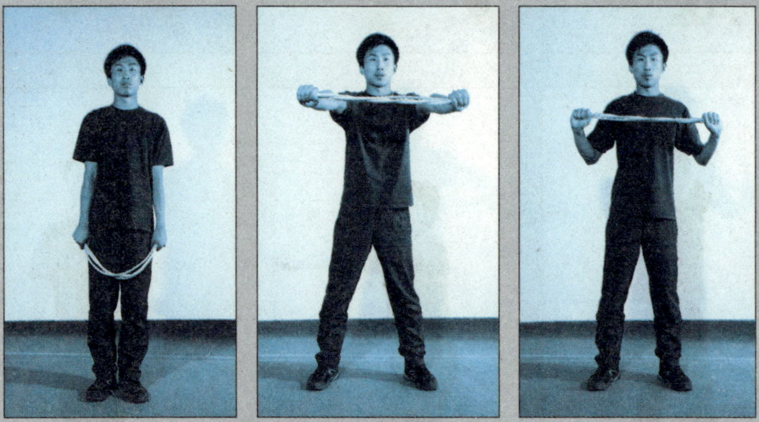

轻器械运动

预备姿势

第一个8拍(1～5拍)

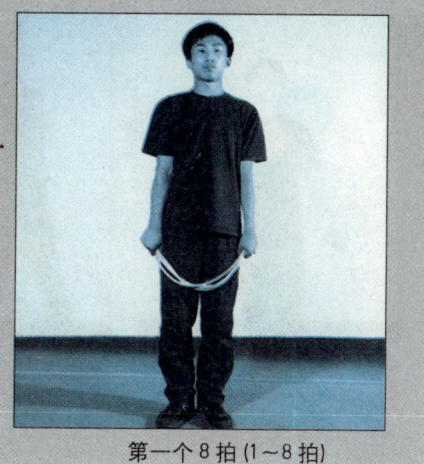

第一个8拍(1~8拍)

图 5-1-3

 腿部运动 ◆◆◆◆◆◆◆◆◆◆

　　腿部运动是指利用体操绳进行腿部练习的动作组合,主要练习下肢肌肉的灵活性,包括 2 个 8 拍。

**动作方法** 见图 5-1-4

　　(1)预备姿势:身体呈直立,双手体前持绳两端。

　　(2)第一个 8 拍:1 拍,双手持绳,于身体左侧转动绳一次;2 拍,两臂头上打开,向下摇绳,同时左腿直膝过绳;3~4 拍,将绳置于右脚踝关节前侧,双手持绳侧上举,右腿屈膝后举;5 拍,两臂侧举,右腿放下;6 拍,左脚踩绳两臂前平举;7 拍,双手持绳侧上举,同时左腿屈膝上抬;8 拍,还原呈预备姿势。

　　(3)第二个 8 拍:与第一个 8 拍动作相同。

**技术要点**

　　(1)摇绳时要判断好绳的速度。

　　(2)跳起换脚要保持身体重心平稳。

**错误纠正**

　　练习时易出现身体与绳配合不上、脚落地后绳还没过去等问题。因此,应反复练习,掌握好摇绳时机。

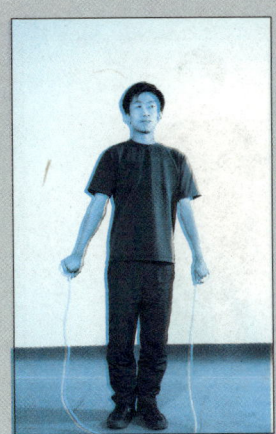
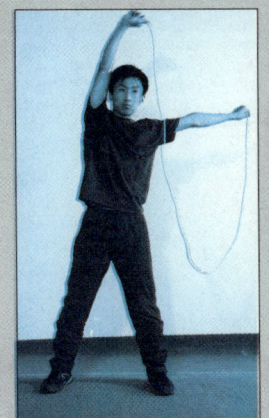

预备姿势

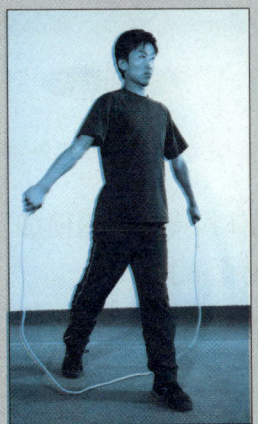

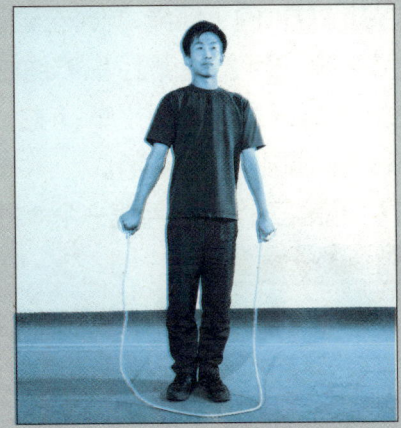

第一个8拍(1~8拍)

图 5—1—4

## 体侧运动

　　体侧运动是利用体操绳进行躯干练习的动作组合，主要练习躯干肌肉的柔韧性，包括 2 个 8 拍。

### 动作方法　见图 5-1-5

　　(1)预备姿势：身体呈直立，双手体前持绳两端。

　　(2)第一个 8 拍：1 拍，左腿向左侧一步呈侧点立，同时两臂向右侧摆动绳，至右臂侧上举、左臂右侧下举；2～3 拍，右手做头上向前绕环两周，绳绕于腰间；4～5 拍，上体向左侧屈两次并还原；6～7 拍，右手持绳，由左侧头上方向后绕环两周，并还原呈 1 拍姿势；8 拍，还原呈预备姿势。

　　(3)第二个 8 拍：与第一个 8 拍动作相同。

### 技术要点

　　(1)双手持绳要放松。
　　(2)身体左、右侧屈幅度要大。

### 错误纠正

　　练习时易出现身体前后晃动、绳绕不过去等问题。因此，应先做徒手练习，体会动作要领，熟练后再持绳练习。

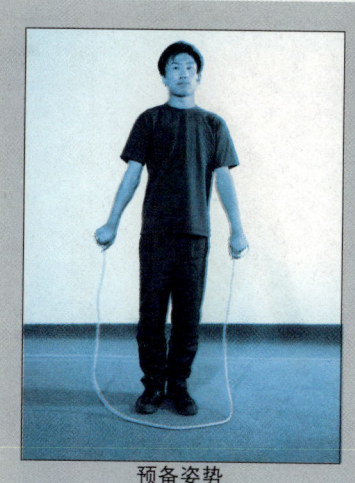

预备姿势

绳操

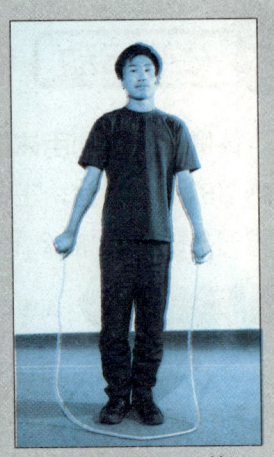

第一个8拍(1～8拍)

图5-1-5

体转运动是利用体操绳进行躯干练习的动作组合,主要练习躯干肌肉的灵活性,包括2个8拍。

### 动作方法　　见图5-1-6

(1)预备姿势:身体呈直立,两臂体前持四折绳。

(2)第一个8拍:1拍,左腿向左侧一步,同时两臂前平举;2拍,上体向左转体90度;3拍,还原呈1拍姿势;4拍,双手持绳上举;5拍,两腿半蹲,上体向左转体90度,同时两臂肩侧屈,绳置于颈后;6拍,还原呈4拍姿势;7拍,两腿半蹲,上体向左转体90度,两臂保持上举;8拍,还原呈预备姿势。

(3)第二个8拍:与第一个8拍动作相同。

### 技术要点

(1)身体重心要保持平稳。

(2)转体时要有弹性。

### 错误纠正

练习时易出现持绳时含胸、低头等问题。因此,应挺胸、抬头,保持上体正直。

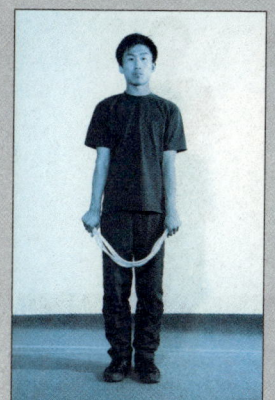
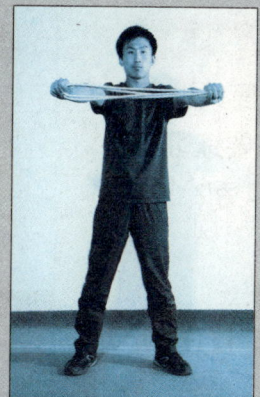

预备姿势

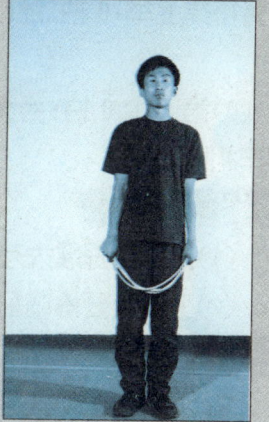

第一个 8 拍(1～8 拍)

图 5—1—6

##  全身运动 ◆◆◆◆◆◆

全身运动是利用体操绳进行全身练习的动作组合,主要练习身体的协调性和稳定性,包括 2 个 8 拍。

### ❄ 动作方法　见图 5-1-7

(1)预备姿势:身体呈直立,两臂体前持两折绳。

(2)第一个 8 拍:1 拍,双手持绳向上绕至后斜下举;2 拍,上体前屈呈 90 度,挺胸、抬头,同时两臂持绳侧后举;3 拍,上体向左侧体转,同时右手触左脚,左臂侧上举;4 拍与 3 拍动作相同,方向相反;5 拍,上体还原呈直立,两臂侧上举;6 拍,两腿全蹲,同时右手将绳一端交至左手,呈手持四折绳前平举;7 拍,左腿向体前一步呈弓步,同时两臂持绳上举;8 拍,还原呈预备姿势。

(3)第二个 8 拍:与第一个 8 拍动作相同。

### ❄ 技术要点

(1)动作要舒展大方。
(2)上下肢要协调配合。

### ❄ 错误纠正

练习时易出现前屈过大、转体幅度不够等问题。应此,应注意体会动作要领,规范动作。

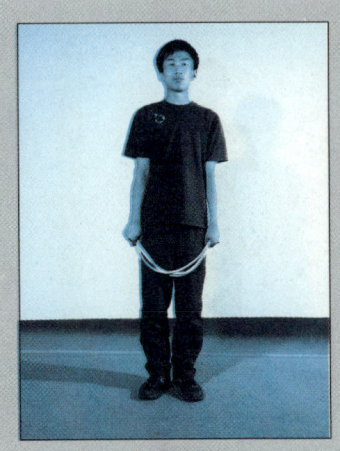

预备姿势

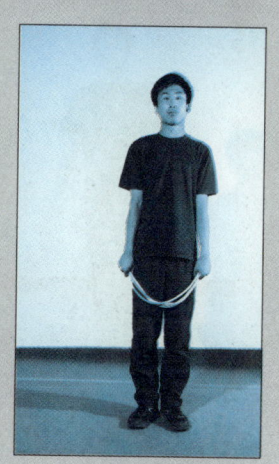

第一个 8 拍 (1～8 拍)

图 5—1—7

 **跳跃运动** ◆◆◆◆◆◆◆

　　跳跃运动是手持体操绳进行跳跃练习的动作组合,主要练习腿部的弹跳力和身体的协调性,包括 2 个 8 拍。

　　**动作方法**　见图 5—1—8

　　(1)预备姿势:身体呈直立,双手体前持绳两端。

　　(2)第一个 8 拍:1～2 拍,双手持绳做一次体侧绕"8"字(身体左、右两侧各绕环一次);3～4 拍,两臂打开,做两次前摇绳;5～8 拍与

1~4 拍动作相同,方向相反。

(3)第二个 8 拍:与第一个 8 拍动作相同。

**技术要点**

(1)两臂要放松。

(2)手腕要用力摇绳。

**错误纠正**

练习时易出现手臂乱晃、用前臂摇绳、两臂紧张等问题。因此,应先徒手练习,熟练后再持绳练习。

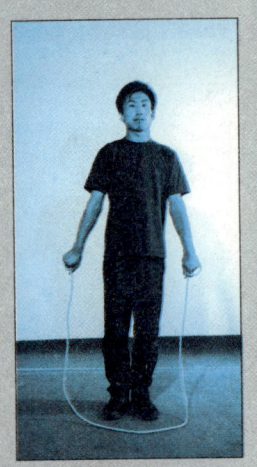

预备姿势

第一个 8 拍(1~4 拍)

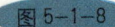

图 5-1-8

轻器械运动

# 第二节

## 棍操

棍操是轻器械运动的主要项目之一。体操棍是一种硬器械,为木质棍棒,青少年用棍可略短。无专用棍时,可用与体操棍规格相近的竹竿或树枝代替。为增加运动负荷,也可用相同长度和直径的铁棍做练习。在徒手体操的基础上,以体操棍为限制物,可以增加关节的柔韧性、灵活性和完成动作时对肌肉的控制能力。棍操包括上肢运动、下肢运动、四肢运动、扩胸运动、体侧运动、体转运动、全身运动和跳跃运动等。

 **上肢运动**

上肢运动是利用体操棍做各种持棍下举、前举、后举和上举练习,能够提高练习者上肢的灵活性,包括 2 个 8 拍。

### 动作方法 见图 5-2-1

(1)预备姿势:身体呈直立,双手体前正持棍。

(2)第一个 8 拍:1 拍,左腿向左侧一步,同时两臂持棍前举;2 拍,两臂经上方至肩侧屈持棍,置棍于颈后;3 拍,两臂伸直上举;4 拍,两臂持棍前举;5 拍,两臂翻转体操棍,右臂在上,左臂在下,屈肘交叉于胸前,棍与地面水平;6 拍与 5 拍动作相同,方向相反;7 拍,两臂前举,左臂在上,棍与地面垂直;8 拍,还原呈预备姿势。

(3)第二个 8 拍:与第一个 8 拍动作相同。

### 技术要点

(1)身体要保持直立。

(2)双手持棍要宽于肩,拇指内扣。

### 错误纠正

练习时易出现拇指没有内扣、没有立腕等问题。因此,应用胶布将

拇指与食指粘在一起,以防体操棍从手中脱落,再用细长的硬物固定手腕。

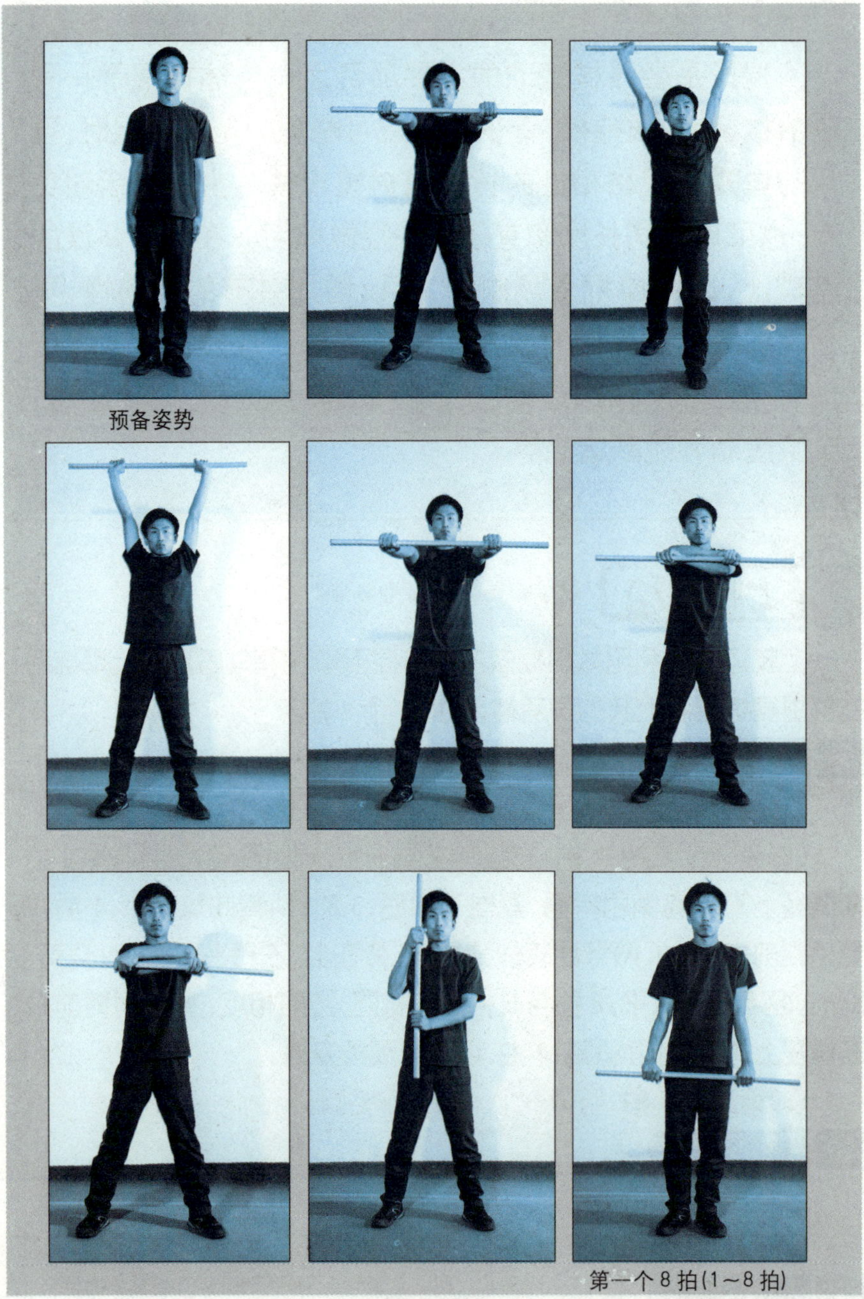

预备姿势

第一个 8 拍(1~8 拍)

图 5-2-1

# 下肢运动

下肢运动是利用体操棍进行下肢练习的动作组合，主要练习下肢肌肉的灵活性和伸展性，包括 2 个 8 拍。

动作方法　见图 5-2-2

（1）预备姿势：身体呈直立，两手体前正持棍。

（2）第一个 8 拍：1 拍，两臂持棍前平举；2～3 拍，左腿屈膝，从两手间跨越棍呈前点立；4 拍，左腿屈膝夹棍；5 拍，两臂侧举；6 拍，还原呈 4 拍姿势；7 拍，左腿屈膝跨越棍呈直立，双手持棍前举；8 拍，还原呈预备姿势。

（3）第二个 8 拍：与第一个 8 拍动作相同。

## 技术要点

（1）屈膝跨越棍时动作要迅速。
（2）屈膝夹棍时身体保持平稳。

## 错误纠正

练习时易出现身体前倾或后仰等问题。因此，应先徒手练习，熟练后再持棍练习。

预备姿势

棍操

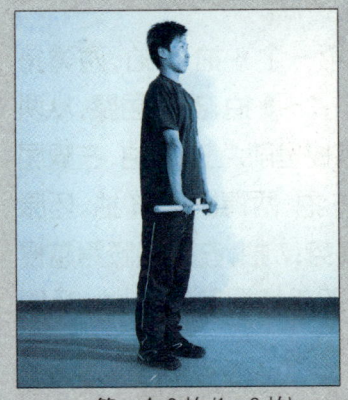

第一个 8 拍 (1~8 拍)

图 5-2-2

## 四肢运动

四肢运动是指利用体操棍进行上下肢协调配合，完成各种组合动作，主要练习身体的协调性，包括 2 个 8 拍。

**动作方法** 见图 5-2-3

（1）预备姿势：身体呈直立，双手体前正持棍。

（2）第一个 8 拍：1 拍，两腿半蹲，双手持棍前举；2 拍，两腿伸直立踵，双手持棍上举；3 拍，左腿向体前一步呈弓步，同时左臂单手持棍前上举,右臂后下举;4 拍,还原呈预备姿势;5 拍,左腿屈膝侧吸,右臂胸前屈,左臂侧举持棍,棍与地面平行;6 拍,左腿向左侧一步呈侧弓步,同时左臂侧下举,右臂胸前平屈持棍;7 拍,身体向左转体 90 度呈前弓步,双手持棍上举后振;8 拍,还原呈预备姿势。

（3）第二个 8 拍:与第一个 8 拍动作相同。

### ❄ 技术要点

（1）半蹲时上体要保持直立。
（2）动作要舒展大方。

### ❄ 错误纠正

练习时易出现身体前倾或后仰等问题。因此,应先徒手练习,熟练后再持棍练习。

预备姿势

第一个 8 拍(1～8 拍)

图 5-2-3

 扩胸运动 ◆◆◆◆◆◆◆◆

扩胸运动是利用体操棍做各种扩胸的动作组合,主要练习肩关节和胸部肌肉的灵活性,包括 2 个 8 拍。

**动作方法** 见图 5-2-4

(1)预备姿势:身体呈直立,双手体前正持棍。

(2)第一个 8 拍:1 拍,左腿向左侧一步,同时双手持棍前举;2 拍,两臂胸前平屈,扩胸一次,使棍触胸;3～4 拍与 1～2 拍动作相同;5拍,两臂前举;6～7 拍,左臂侧举,右臂体侧平屈,向后振动两次;8 拍,还原呈预备姿势。

(3)第二个 8 拍:与第一个 8 拍动作相同。

**技术要点**

持棍后振时要尽量用力,双手紧持棍。

**错误纠正**

持棍后振时易出现身体前倾、晃动等问题。因此,应注意身体重心保持平稳。

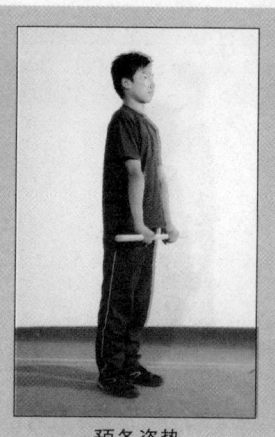

预备姿势

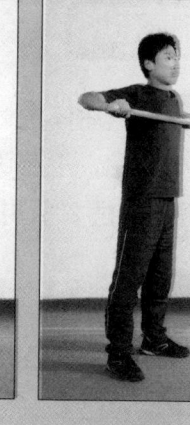

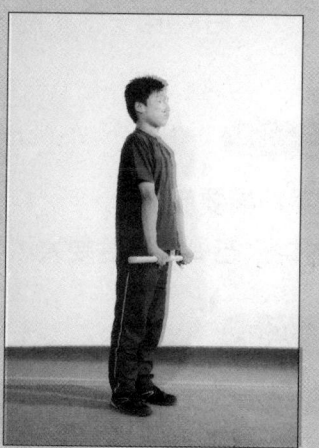

第一个 8 拍 (1～8 拍)

图 5-2-4

##  体侧运动

体侧运动是利用体操棍进行躯干练习的动作组合，主要练习躯干肌肉的柔韧性，包括 2 个 8 拍。

### 动作方法　见图 5-2-5

（1）预备姿势：身体呈直立，双手体前正持棍。

（2）第一个 8 拍：1 拍，左腿向左侧一步，右手单手持棍；2 拍，双手持棍上举；3 拍，上体左侧屈，同时两臂屈肘呈肩侧屈，持棍于颈后；4 拍，还原呈 2 拍姿势；5 拍，上体左侧屈一次，同时双手保持上举持棍；6 拍，还原呈 2 拍姿势；7 拍，双手持棍前举；8 拍，还原呈预备姿势。

（3）第二个 8 拍：与第一个 8 拍动作相同。

### 技术要点

（1）双手持棍要放松。

（2）身体左、右侧屈幅度要大。

### 错误纠正

练习时易出现身体前后晃动、幅度不到位等问题。因此，应先徒手练习，体会动作要领，熟练后再持棍练习。

预备姿势

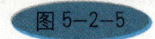

第一个8拍(1~8拍)

图 5-2-5

 **体转运动** ◆◆◆◆◆◆◆

　　体转运动是利用体操棍进行躯干练习的动作组合，主要练习躯干肌肉的灵活性，包括 2 个 8 拍。

**动作方法** 见图 5-2-6

　　(1)预备姿势：身体呈直立，双手体前正持棍。

　　(2)第一个 8 拍：1 拍，两臂屈肘，将棍夹于腋下，手滑至棍两端持棍；2 拍，两臂伸直，棍夹于腋下；3 拍，两腿屈膝半蹲，向左转体 90 度，同时两臂屈肘夹棍；4 拍，还原呈 1 拍姿势；5 拍，两臂伸直向上，绕至

翻握上举；6拍，上体向左转体；7拍，还原呈5拍姿势；8拍，还原呈预备姿势。

(3)第二个8拍：与第一个8拍动作相同。

**技术要点**

(1)身体重心要保持平稳。

(2)转体时要有弹性。

**错误纠正**

练习时易出现持棍时含胸、低头等问题。因此，应挺胸、抬头，保持上体正直。

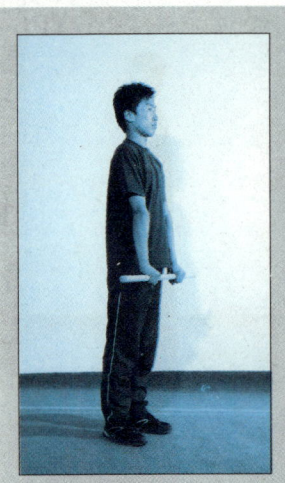

预备姿势

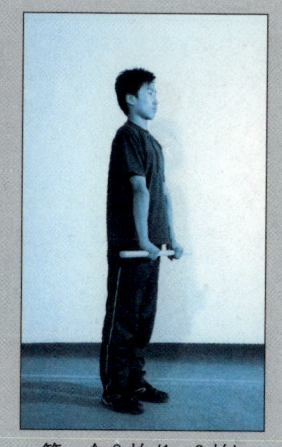

第一个8拍(1~8拍)

图 5-2-6

 全身运动

全身运动是利用体操棍进行全身练习的动作组合,主要练习身体的协调性和稳定性,包括 2 个 8 拍。

**动作方法** 见图5-2-7

(1)预备姿势:身体呈直立,双手体前正持棍。

(2)第一个8拍:1拍,左腿向左侧一步,同时双手持棍上举后振;2拍,上体充分前屈,两臂下举;3拍,抬头、挺胸,上体呈90度前屈,同时双手持棍平行于地面;4拍,双手屈膝半蹲,双手持棍自然下举;5~6拍,左腿向左侧一步呈开立,同时双手持棍向左侧做一次体绕环;7拍,左腿向体前呈弓步,同时双手持棍上举;8拍,还原呈预备姿势。

(3)第二个8拍:与第一个8拍动作相同。

**技术要点**

(1)动作要舒展大方。

(2)上下肢要协调配合。

**错误纠正**

练习时易出现前屈过大、转体幅度不够等问题。因此,应注意体会动作要领,规范动作。

预备姿势

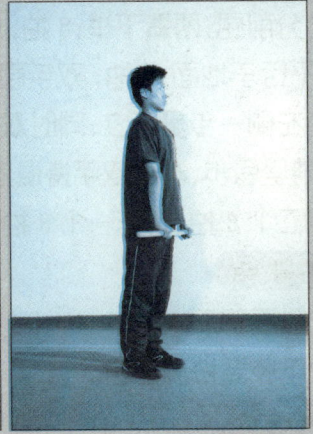

第一个 8 拍(1~8 拍)

图 5-2-7

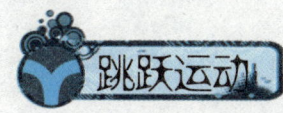

## 跳跃运动

跳跃运动是手持体操棍进行跳跃练习的动作组合,主要练习腿部的弹跳力和身体的协调性,包括 2 个 8 拍。

### 动作方法　见图5-2-8

（1）预备姿势:身体呈直立,双手体前正持棍。

（2）第一个 8 拍:1 拍,两腿跳成开立,同时双手持棍上举;2 拍,两腿跳成并立,同时两臂肩侧屈持棍于颈后;3 拍,两腿跳成左弓步,双手臂持棍上举;4 拍,还原呈预备姿势;5～8 拍与 1～4 拍动作相同,方向相反。

（3）第二个 8 拍:与第一个 8 拍动作相同。

### 技术要点

（1）上体要保持正直,重心平稳。
（2）跳跃时棍移动要迅速。

### 错误纠正

练习时易出现手臂乱晃、两臂紧张等问题。因此,应先做徒手练习,熟练后再持棍练习。

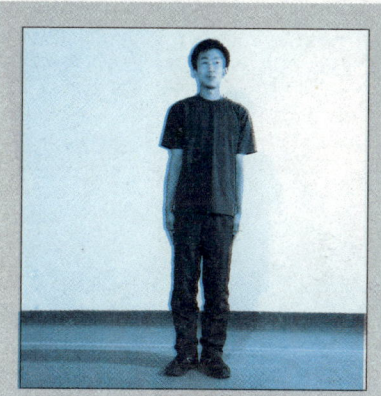

预备姿势

图 5-2-8

第一个 8 拍 (1～4 拍)

# 第六章 有氧操

有氧操属于有氧运动的一种，它的活动时间长，强度适中，对人体心·肺功能、耐力水平的提高都有很大的促进作用，并能有效控制体重，提高练习者的各种身体素质。有氧操包括爬行操、健身操和踏板操等。

# 第一节

## 爬行操

爬行操是根据人体水平运动的特点，把爬行与有节奏的体操动作结合起来而创编的，具有健脑、健身、防疾祛病的功效，适合于中老年人及体质较弱的人练习。爬行操包括手膝爬行操和手足爬行操等。

手膝爬行操主要是利用手和膝着地，进行各种移动的组合动作练习，共 6 个 8 拍。爬行时身体重量分散到四肢，从而使颈椎、腰椎的负担大大减轻，血液循环减慢，心脏负担减轻，对防治心血管疾病十分有效。

**动作方法** 见图 6-1-1

（1）预备姿势：跪在垫子上，上肢伸直，两手撑地，身体接近水平状态。

（2）第一个 8 拍：1 拍，左手、右腿向体前移动 15～20 厘米；2 拍，右手、左腿向体前移动 15～20 厘米；3 拍，左手、右腿向后方移动 15～20 厘米；4 拍，右手、左腿向后方移动 15～20 厘米；5～6 拍与 3～4 拍动作相同；7～8 拍与 1～2 拍动作相同。

（3）第二个 8 拍：1 拍，左手向右侧移动，至右手右侧呈交叉（左臂在前、右臂在后），同时右腿向右侧移动 20 厘米；2 拍，右手向右侧移动，同时左腿向右侧移动 20 厘米，呈预备姿势；3 拍，右手向左侧移动，至左手左侧呈交叉（右臂在前、左臂在后），同时左腿向左侧移动 20 厘米；4 拍，左手向左侧移动，同时右腿向左侧移动 20 厘米，呈预备姿势；5～6 拍与 3～4 拍动作相同；7～8 拍与 1～2 拍动作相同。

（4）第三个 8 拍：1 拍，臀部下坐，腰部伸展，两手前伸向体前滑动，低头含胸，上体下压接近地面，用力压肩；2 拍，两手滑动回收，恢复预备姿势；3、5、7 拍与 1 拍动作相同，4、6、8 拍与 2 拍动作相同。

（5）第四个 8 拍：1～2 拍，左转身，左臂侧平举，目视左手，右臂撑地，呈单臂跪撑；3～4 拍，左手击地支撑，右手抬起；5 拍，右手击地支撑，左手抬起；6 拍，左手击地支撑，右手抬起；7 拍与 5 拍动作相同；8 拍，两手撑地，呈预备姿势。

（6）第五个 8 拍：1 拍，左臂屈肘于左前上方，五指张开，掌心向外，目视左手，手落下前移约 10 厘米；2 拍，右臂屈肘于右前上方，五指张开，掌心向外，目视右手，手落下前移约 10 厘米；3 拍，左臂肩侧屈肘，掌心向外，五指张开，目视左手，手落下后移约 10 厘米；4 拍，右臂肩侧屈肘，掌心向外，五指张开，目视右手，手落下后移约 10 厘米；5～8 拍与 1～4 拍动作相同。

（7）第六个 8 拍：1～2 拍，向后方举左腿，同时抬头，右手前移约 10 厘米；3～4 拍，左腿、右手收回，呈预备姿势；5～6 拍，向后方举右腿，同时抬头，左手前移约 10 厘米；7～8 拍，右腿、左手收回，呈预备姿势。

爬行操

### 技术要点

（1）爬行前要做好准备活动，佩戴必要的护具，清理好场地，注意安全。

（2）每次练习做爬行操 2～3 遍，中间休息 3～5 分钟，并可与其他爬行运动配合练习。

（3）爬行时应胸式呼吸和腹式呼吸相结合。

预备姿势

### 错误纠正

练习时易出现四肢不协调、动作僵硬、上体弯曲、背部不平等问题。因此，练习前应做好充分的热身活动，并进行肌肉拉伸练习，注意体会动作要领。

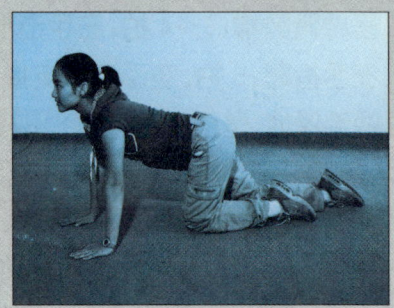

第一个 8 拍 (1～4 拍)

第二个 8 拍 (1～4 拍)

第三个 8 拍 (1～2 拍)

第四个 8 拍 (1～4 拍)

第五个 8 拍 (1～4 拍)

第六个 8 拍 (1～8 拍)

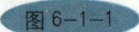

图 6-1-1

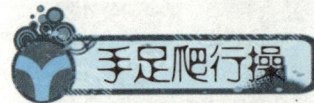

手足爬行操

　　手足爬行操主要是利用手和脚着地,进行各种移动的动作组合练习,共 8 个 8 拍。人在爬行时,手部频繁接触地面,手掌穴位不断得到脉冲式的刺激,会取得理想的防病治病效果。

（1）预备姿势：四肢着地，上肢伸直，下肢膝关节弯曲，臀部略低于头，背部接近水平状态。

（2）第一个 8 拍：1 拍，左侧手、脚抬起落下，身体重心略向右侧移动；2 拍，右侧手、脚抬起落下，身体重心向左侧移动；3～8 拍，重复上述动作。

（3）第二个 8 拍：1 拍，左手、右脚同时向体前移动 15～20 厘米；2 拍，右手、左脚同时向体前移动 15～20 厘米；3 拍，左手、右脚同时向后方移动 15～20 厘米；4 拍，右手、左脚同时向后方移动 15～20 厘米；5～6 拍与 3～4 拍动作相同；7～8 拍与 1～2 拍动作相同。

（4）第三个 8 拍：1 拍，左手向右侧移动，至右手右侧呈交叉（左臂在前，右臂在后），同时右脚向右侧移动 20 厘米；2 拍，右手向右侧移动，同时左脚向右侧移动 20 厘米；3 拍，右手向左侧移动，至左手左侧呈交叉（右臂在前、左臂在后），同时左脚向左侧移动 20 厘米；4 拍，左手向左侧移动，同时右脚向左侧移动 20 厘米，呈预备姿势；5～6 拍与 3～4 拍动作相同；7～8 拍与 1～2 拍动作相同。

（5）第四个 8 拍：1 拍，左腿后踢，脚面绷直，膝关节伸直，头上抬；2 拍，左腿收回，呈预备姿势；3 拍，右腿后踢，脚面绷直，膝关节伸直，头上抬；4 拍，右腿收回，呈预备姿势；5～8 拍与 1～4 拍动作相同。

（6）第五个 8 拍：1～4 拍，左转身，左臂直上举，目视左斜上方，脚不动或左脚内侧着地，右脚外侧着地；5 拍，左手击地支撑，右手抬起；6 拍，右手击地支撑，左手抬起；7 拍，左手击地支撑，右手抬起；8 拍，右手撑地，左手不动，呈预备姿势。

（7）第六个 8 拍：1 拍，两脚蹬地，收两腿，呈蹲撑；2 拍，伸展身体呈直立，两臂直上举；3 拍，屈体下蹲，呈蹲撑（同 1 拍）；4 拍，两腿后伸，呈预备姿势；5～8 拍与 1～4 拍动作相同。

（8）第七个 8 拍：1 拍，左腿屈膝、屈髋，左脚前移呈左弓步；2 拍，左腿伸膝、展髋，左脚后移呈预备姿势；3 拍，右腿屈膝、屈髋，右脚前移呈右弓步；4 拍，右腿伸膝、展髋，右脚移呈预备姿势；5～8 拍与 1～4 拍动作相同。

（9）第八个 8 拍：1 拍，左手向右斜前方移动，与右臂呈交叉，左脚向左前方跨出一大步；2 拍，右手、右脚跟进，呈预备姿势，身体顺时针方向旋转 90 度；3、5、7 拍与 1 拍动作相同，4、6、8 拍与 2 拍动作相同。

### 🌼 技术要点

（1）爬行前做好准备活动，佩戴必要的护具，清理好场地，注意安全。

（2）每次练习做爬行操 2～3 遍，中间休息 3～5 分钟，并可与其他爬行运动配合练习。

（3）爬行时应胸式呼吸和腹式呼吸相结合。

### 🌼 错误纠正

练习时易出现四肢不协调，动作僵硬，上体弯曲，背部不平等问题。因此，练习前应做好充分的热身活动，并进行肌肉拉伸练习，注意体会动作要领。

预备姿势

第一个 8 拍(1～2 拍)

第二个 8 拍 (1~4 拍)

第三个 8 拍 (1~4 拍)

第四个 8 拍 (1~4 拍)

第五个 8 拍 (1～8 拍)

第六个 8 拍 (1~4 拍)

第七个 8 拍 (1~4 拍)

第八个8拍(1～4拍)

图6-1-2

## 第二节

### 健身操

　　健身操是一种崭新理念的有氧健身运动。它能锻炼心肺功能,使心血管系统更有效、快速地把氧传输到身体的每个部位。而且健身操的趣味性强,动作简单、易学,音乐节奏鲜明,有较强的愉悦身心和强身健体的效果。长期练习,可以增加肺活量,促进体内血红细胞的氧代谢功能,全面提高练习者的身体耐力。下面介绍几组健身操的组合动作。

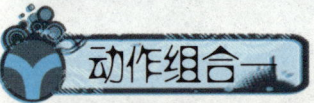

　　动作组合一的特点是动作简单、难度小、易于掌握。练习者主要通

过手臂和腿部的动作练习，体会上下肢肌肉用力和控制的基本方法，培养良好的身体姿态，共8个8拍。

**动作方法** 见图6-2-1

（1）预备姿势：身体呈直立。

（2）第一个8拍：1拍，两脚开立与肩同宽，两臂前举；2拍，两臂上举；3拍，两臂侧举；4拍，两臂下举；5拍，两臂前上举；6拍，两臂侧下举；7拍，两臂向内绕至侧上举；8拍，两臂经体侧还原呈预备姿势。

（3）第二个8拍：1拍，两脚开立与肩同宽，两臂前举；2拍，两臂经下摆至后下举；3～4拍，两臂向下绕环一周半呈前举；5拍与2拍动作相同；6拍，两臂经下摆至前举；7～8拍，两臂向下绕环至下举还原。

（4）第三个8拍：1拍，左腿向体前擦出，呈前点立，同时两手叉腰；2拍，左腿沿地面向体侧划至侧点立；3拍，左腿向后方划至后点立；4拍，还原呈预备姿势；5拍，左腿向体侧擦出，呈侧点立，同时两臂前举，掌心向下；6拍，重心移至两腿中间，呈屈膝半蹲，同时两臂打开呈侧举；7拍，还原呈5拍姿势；8拍，还原呈预备姿势。

（5）第四个8拍：1拍，两脚开立两臂前举；2拍，左腿向体前一步重心移至左腿，呈右腿后点立，同时两臂上举；3拍，两臂打开，呈左臂前上举、右臂后下举；4拍，还原呈预备姿势；5～6拍，左腿向后方撤一步，屈膝呈左腿单膝跪，同时左臂前举，右臂侧平举；7拍，左臂屈肘，呈胸前平屈；8拍，还原呈预备姿势。

（6）第五个8拍：1拍，左腿向体前一步呈弓步，同时两臂经体前打开，呈侧上举；2～3拍，两臂带动上体向后方绕环一周，呈侧下举；4拍，还原呈预备姿势；5拍，左腿向左侧一步，呈侧弓步，同时两臂胸前平屈握拳；6拍，两臂打开呈侧举；7拍，左腿收回，两腿屈膝半蹲，两手扶膝；8拍，还原呈预备姿势。

（7）第六个8拍：1拍，左腿向体前吸腿至水平，同时两手叉腰；2拍，左腿还原呈直立；3拍，左腿直膝侧踢；4拍，还原呈预备姿势；5拍，左腿向体前一步，重心移至左腿，同时两臂侧举；6拍，右腿前踢，同时两手腿下击掌；7拍，还原呈5拍姿势；8拍，还原呈预备姿势。

（8）第七个8拍：1拍，两臂上举，掌心向前；2拍，上体前屈，两手触脚前方地面；3拍，两腿屈膝全蹲，两手撑地呈蹲撑；4拍，两腿向后伸直，呈俯卧撑姿势；5～6拍，保持俯卧撑姿势；7拍，两腿收回呈蹲撑；8拍，还原呈预备姿势。

（9）第八个8拍：1拍，两腿跳成开立，同时两臂侧举；2拍，跳成并立还原；3拍，两腿跳成左弓步，同时左臂侧举，右臂前举；4拍，还原呈预备姿势；5～7拍，左、右腿各做一次吸腿跳，两手叉腰；8拍，还原呈预备姿势。

## ❀ 技术要点

（1）两臂摆动要一致，挺胸、抬头、立腰。

（2）身体向上跳起时，重心要保持在一条垂线上。

（3）动作要协调、连贯。

## ❀ 错误纠正

练习时易出现动作幅度小、不连贯、动作不规范、做不到位等问题。因此，应在练习前做好必要的热身运动，使身体各部位肌肉充分拉伸，尽量规范动作。

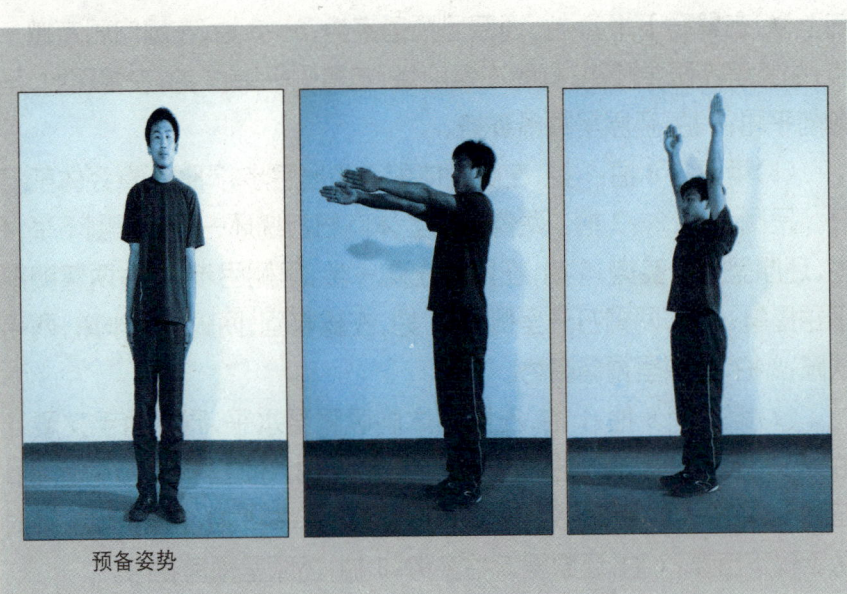

预备姿势

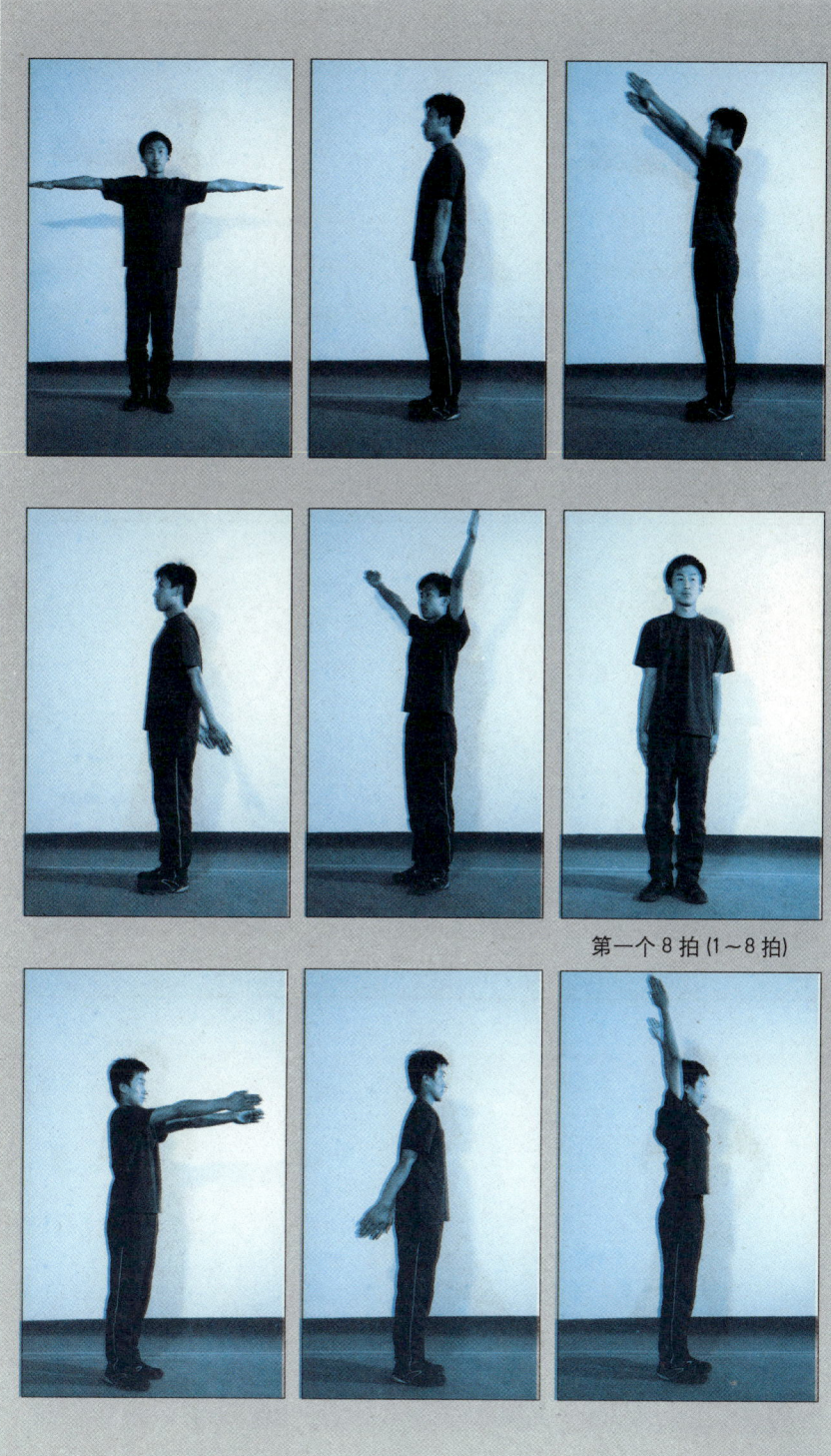

第一个 8 拍(1～8 拍)

有氧操

 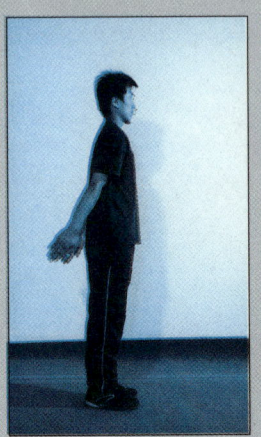 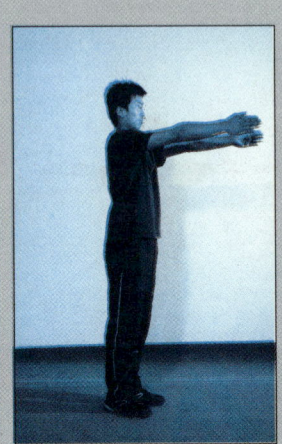

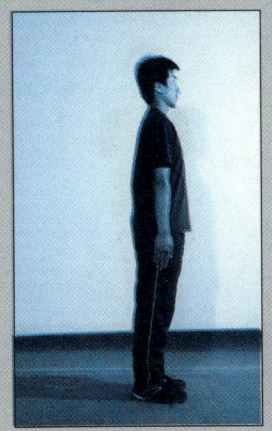 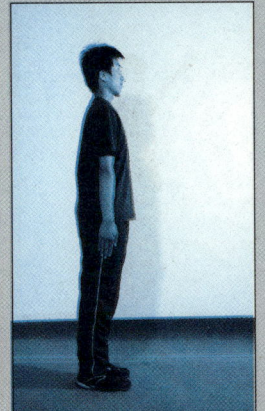 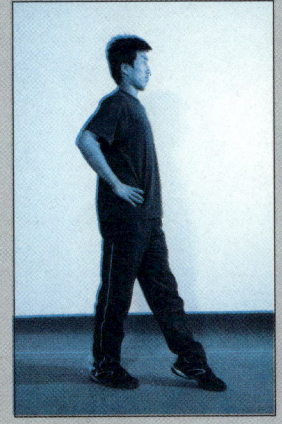

第二个 8 拍 (1～8 拍)

  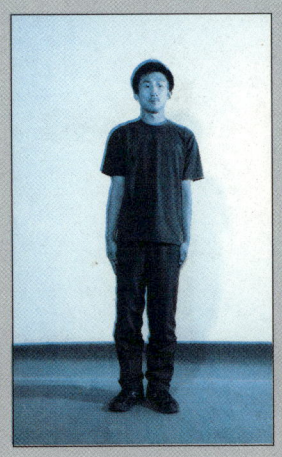

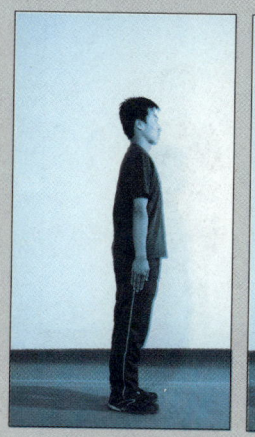 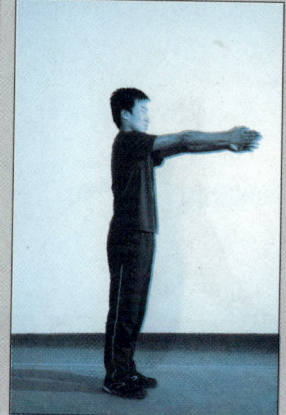 

第三个 8 拍 (1~8 拍)

 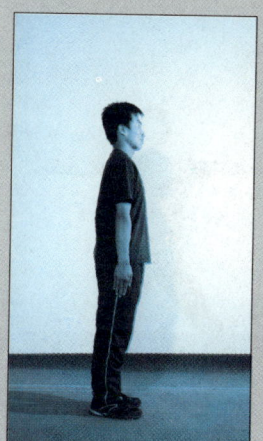 

有氧操

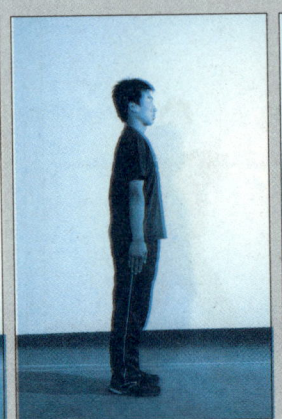

第四个 8 拍 (1～8 拍)

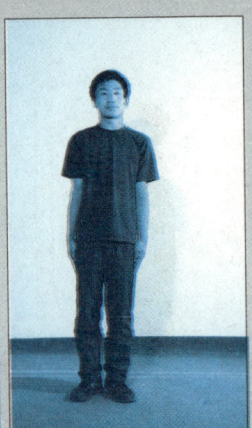

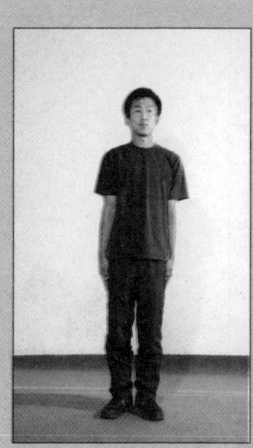  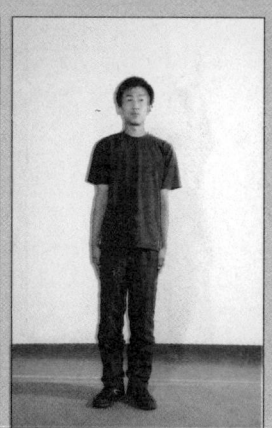

第五个8拍(1~8拍)

 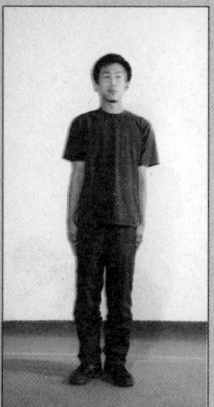 

  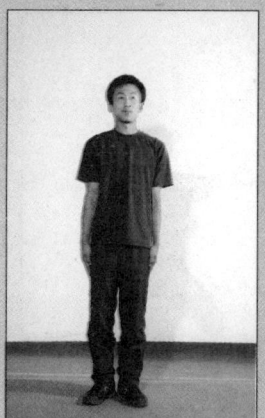

第六个8拍(1~8拍)

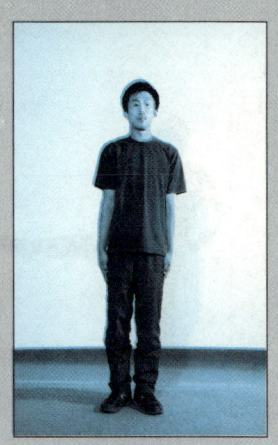

第七个 8 拍 (1~8 拍)

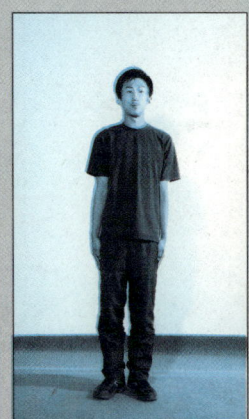

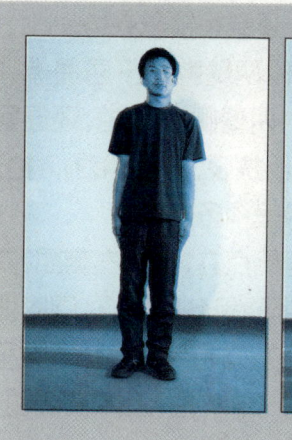

图 6—2—1　　　　　第八个 8 拍 (1～8 拍)

　　动作组合二的特点是动作略复杂，难度略大。练习者主要是通过身体各部位的练习，充分活动身体各关节，拉伸肌肉、韧带，提高身体各部位协调配合能力和基本活动能力，共有 8 个 8 拍。

**动作方法**　见图 6—2—2

　　（1）预备姿势：身体呈直立。

　　（2）第一个 8 拍：1 拍，两臂前上屈，两手握拳，拳心向内；2 拍，左腿向左侧一步，同时两臂前举，掌心向下；3～4 拍，两臂向上绕环一周呈前举；5 拍，两臂打开呈侧后举；6 拍，身体向左转体 90 度，呈右腿后点立，同时两臂经下方向体前摆动至上举；7 拍，还原呈 5 拍姿势；8 拍，还原呈预备姿势。

　　（3）第二个 8 拍：1 拍，左腿向体前一步，呈前点立，同时左臂侧举，右臂前平举；2～3 拍，重心移至左腿，呈右脚后点立，同时左臂向下绕至前上举，右臂向上绕至后下举，掌心向下；4 拍，还原呈预备姿势；5 拍，左腿向左侧一步，呈左侧弓步，同时两臂侧举；6 拍，两臂屈肘，呈胸前平屈；7 拍，两臂打开呈侧举；8 拍，还原呈预备姿势。

　　（4）第三个 8 拍：1 拍，左腿向左侧一步，同时两臂前上屈握拳，拳心向内；2 拍，两臂胸前平屈，向后扩胸一次；3 拍，两臂前举，掌心向下；4 拍，两臂侧举，向后扩胸一次；5～6 拍，两臂前举击掌两次；7 拍，

两手握拳，两臂打开呈侧上屈，扩胸一次；8拍，还原呈预备姿势。

（5）第四个8拍：1拍，左腿屈膝前吸，同时两臂胸前平屈握拳；2拍，还原呈预备姿势；3拍，左腿直膝前踢，同时两臂侧举；4拍，还原呈预备姿势；5拍，两臂上举；6拍，两腿半蹲，两手扶膝，手指相对；7拍，右腿直立，左腿侧踢，同时两臂侧举；8拍，还原呈预备姿势。

（6）第五个8拍：1拍，左腿向左侧一步，呈侧点立，上体左侧屈，同时左臂侧下举，右臂侧下屈，掌心向后；2拍，还原呈分腿开立，同时两臂体前交叉，掌心向后；3拍与1拍动作相同，方向相反；4拍，还原呈分腿开立，两臂下举；5~6拍，两臂向外绕环一周；7拍，上体左侧屈，同时左臂侧举，右臂上举；8拍，还原呈预备姿势。

（7）第六个8拍：1拍，左腿向左侧一步，两臂前举；2拍，两腿屈膝半蹲，同时上体向左拧转90度，左臂侧举，右臂胸前平屈；3拍，还原呈1拍姿势；4拍，两腿屈膝半蹲，上体向左拧转90度，两臂侧平举，掌心向下；5~6拍，还原呈开立，两臂前举，击掌两次；7拍，身体直立，同时左臂侧举，右臂上举；8拍，还原呈预备姿势。

（8）第七个8拍：1拍，左腿向左侧一步，同时两臂上举；2拍，上体前屈至水平位，抬头、挺胸，同时两臂打开呈侧后举；3~4拍，体前屈弹动两次，同时两臂于两腿间充分后伸；5~6拍，左腿收回，两腿屈膝全蹲，同时两手扶膝，指尖相对；7拍，左腿向体前一步呈弓步，同时两臂经体前打开呈侧上举；8拍，还原呈预备姿势。

（9）第八个8拍：1~4拍，踢腿跑4步，同时两手胸前击掌4次；5拍，两腿跳成开立，同时两臂肩侧屈握拳；6拍，两腿伸直，同时两臂上举握拳；7拍，两腿屈膝下蹲，同时两臂打开呈侧举；8拍，还原呈预备姿势。

### ❀ 技术要点

（1）两臂摆动要一致，挺胸、抬头、立腰。

（2）身体向上跳起时，重心保持在一条垂线上。

（3）动作要协调、连贯。

### ❀ 错误纠正

练习时易出现动作幅度小、做不到位等问题。因此，应在练习前做好必要的热身运动，使身体各部位肌肉充分拉伸，尽量使动作规范。

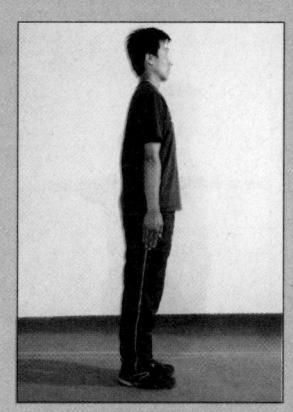  

预备姿势

健身操

 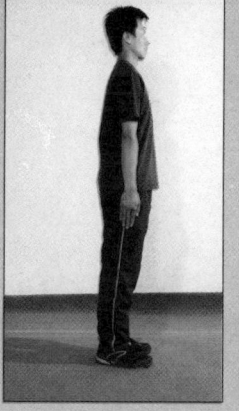 

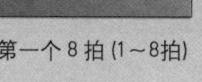
第一个 8 拍 (1~8拍)

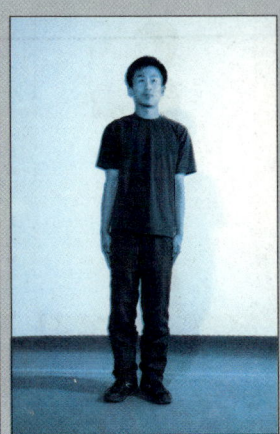

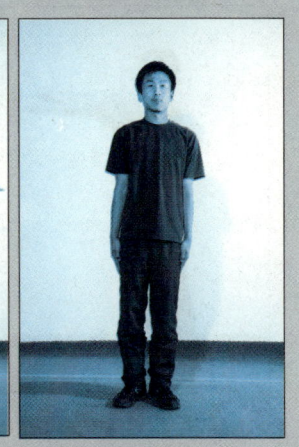

第二个8拍(1~8拍)

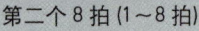

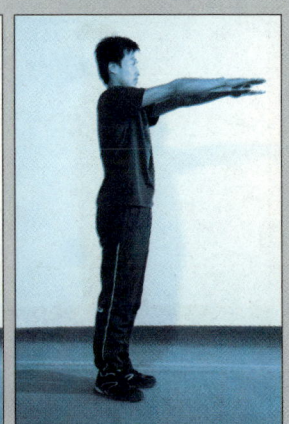

有氧操

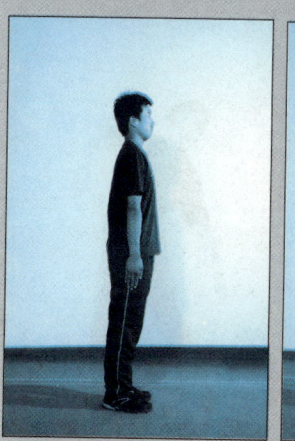

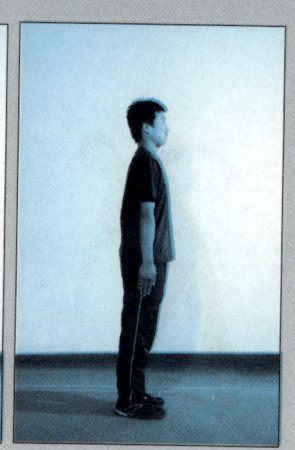

第三个 8 拍 (1～8拍)

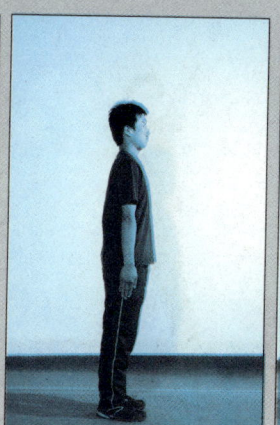

第四个 8 拍 (1～8 拍)

有氧操

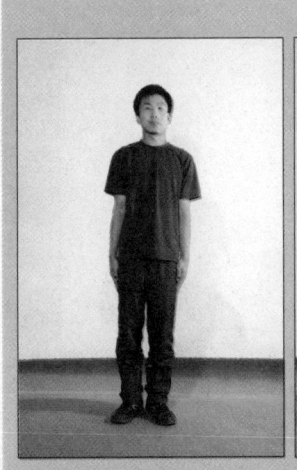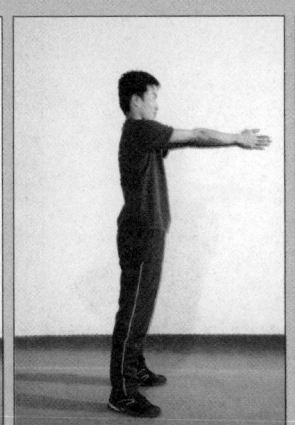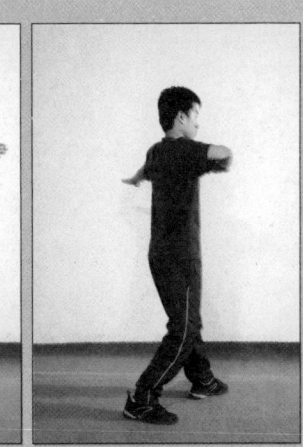

第五个 8 拍 (1～8 拍)

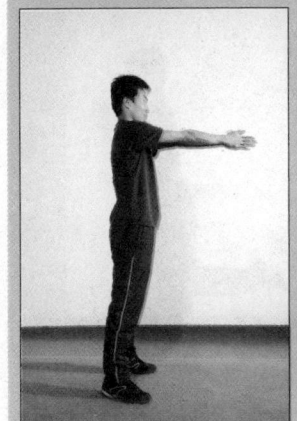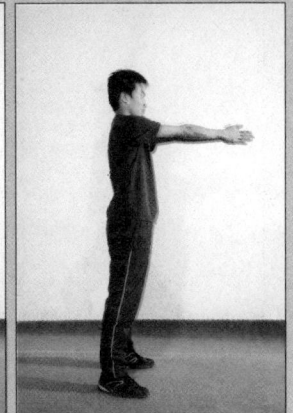

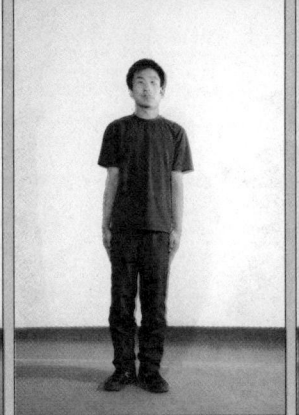

第六个 8 拍 (1～8 拍)

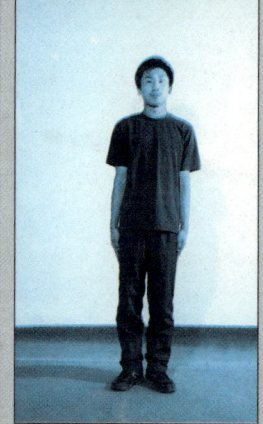

第七个 8 拍 (1～8 拍)

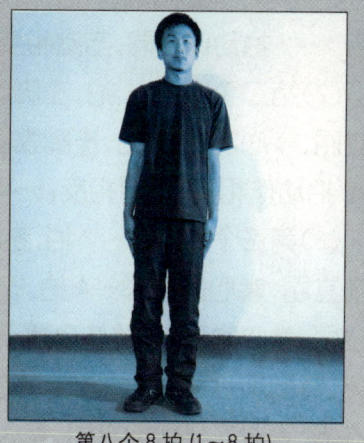

第八个8拍(1～8拍)

图6-2-2

## 第三节

### 踏板操

　　踏板操是将体能测试中的台阶练习与健美操的步伐相结合,在特定的踏板上进行练习的运动。踏板操可以通过调整踏板下的垫板高度,来调节运动强度。练习者可以根据自身条件和锻炼目的,选择不同高度的踏板进行练习。

 动作组合一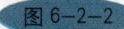

　　动作组合一的特点是组合动作简单,难度小。练习者主要通过上、下板的腿部动作和上肢动作组合,锻炼身体的灵活性和协调性,培养良好的身体姿态,共16个8拍。

 **动作方法** 见图6-3-1

　　(1)第一个8拍:1拍,左脚向左前方踏板,脚尖点板,同时两臂胸

前立屈握拳,拳心向后;2拍,左脚收回,同时两臂伸直置于体侧;3～4拍与1～2拍动作相同,方向相反;5～8与1～4拍动作相同。

(2)第二个8拍:1拍,左脚向左前方踏板,脚跟点板,同时两臂胸前立屈,拳心向后;2拍,左脚收回,同时两臂伸直置于体侧;3～4拍与1～2拍动作相同,方向相反;5～8拍与1～4拍动作相同。

(3)第三个8拍:1～2拍,左脚向体前踏板,全脚掌着板,同时右臂胸前立屈,拳心向后;3～4拍,右脚上板并于左脚呈直立,同时左臂胸前立屈,拳心向后,右臂伸直置于体侧;5～6拍,左脚下板,同时右腿屈膝,右臂胸前立屈,拳心向后,左臂伸直置于体侧;7～8拍,右脚下板并于左脚,同时左臂胸前立屈,拳心向后,右臂伸直置于体侧。

(4)第四个8拍:与第三个8拍动作相同,速度加快1倍。

(5)第五个8拍:1拍,左脚向体前踏板,同时两臂胸前立屈,拳心向后;2拍,右脚上板并于左脚呈直立,同时两臂伸至上举,拳变掌,掌心向外;3拍,左脚下板呈右腿屈膝立,同时向左转体90度,两臂收至胸前立屈,掌变拳,拳心向后;4拍,右腿下板,屈膝并于左腿,脚尖点地;同时两臂伸直置于体侧;5～8拍与1～4拍动作相同,方向相反。

(6)第六个8拍:与第五个8拍动作相同。

(7)第七个8拍:1拍,左脚向体前踏板,同时两臂胸前立屈,拳心向后;2拍,右脚上板并于左脚呈直立,同时两臂伸直置于体侧;3拍,左脚下板,同时两臂胸前平屈,拳心向下;4拍,右脚下板并于左脚呈直立,同时两臂伸直置于体侧,拳心向前;5～8拍与1～4拍动作相同。

(8)第八个8拍:与第七个8拍动作相同。

(9)第九个8拍:1拍,向右转体45度,同时左脚向体前踏板,两臂胸前立屈,拳心向后;2拍,右脚上板与并于左脚,同时两臂伸直置于体侧;3拍,右脚下板呈左腿屈膝立,同时两臂胸前屈,拳心向后;4拍,左腿下板,屈膝并于右腿,同时两臂伸直置于体侧;5拍,左脚向体前踏板,同时两臂胸前平屈,拳心向下;6拍,左腿直立,同时右腿正前吸腿,两臂侧举,拳变掌;7拍,右脚下板,同时两臂胸前平屈,掌变拳,拳心向下;8拍,左脚下板并于右脚,同时两臂经胸前屈伸直置于体侧。

(10)第十个8拍:1拍,左脚向体前踏板,同时两臂胸前屈,拳心向下；2拍，左腿直立，同时右腿前踢，右臂胸前平屈，拳心向下，左臂伸至前举，拳变掌；3拍，右脚下板，同时两臂收至胸前屈（拳心向后）；4拍，左脚下板并于右脚，同时两臂伸直置于体侧；5拍，左脚向体前踏板，同时两臂胸前立屈，拳心向后；6拍，右脚上板并于左脚，同时两臂上举（拳变掌，掌心向外）；7拍，向左转体180度，同时左脚下板，呈右腿屈膝立，两臂收至胸前屈，掌变拳，拳心向后；8拍，右腿下板，屈膝并于左腿，同时两臂伸直置于体侧。

（11）第十一个8拍：1～6拍与第九个8拍1～6拍动作相同，方向相反；7～8拍，在板上踏两步呈半蹲，同时两手叉腰。

（12）第十二个8拍：1～6拍与第十个8拍1～6拍动作相同，方向相反；7～8拍与第十一个8拍7～8拍动作相同。

（13）第十三个8拍：1～2拍，左脚向左侧一步着地呈半蹲；3～4拍，还原；5～8拍与1～4拍动作相同，方向相反。

（14）第十四个8拍：与第十三个8拍动作相同。

（15）第十五个8拍：1～2拍，左脚向左侧一步着地呈半蹲，同时左臂经胸前方向外绕至肩侧屈（拳心向后）；3～4拍，还原；5～8拍与1～4拍动作相同，方向相反。

（16）第十六个8拍：与第十五个8拍动作相同。

**技术要点**

（1）身体保持正直，腹部、臀部收紧，保持身体平衡。

（2）上板时，重心要处于板的正上方。

（3）在板上时，全脚掌要在板上。

（4）上板时，脚跟触板后再过渡到全脚掌。

（5）下板时，脚掌先触地，缓冲过渡到全脚掌。

（6）下板时，不能两脚同时跳下板。

（7）身体侧对板时，先上靠近板的一侧腿，不要交叉腿上板。

（8）单腿在板上时，支撑腿保持一定的弯曲度。

（9）做弓步或重复踏板时，身体重心要保持在板上的前腿。

（10）保持呼吸，不要屏气，膝盖保持一定的弹动。

练习时易出现脚踩到踏板边缘或抬离踏板太高、身体没有保持直立、出现前倾或后仰等问题。因此,应踏在板的中心,保持收腹状态,用腰腹的控制力平衡固定身体。

有
氧
操

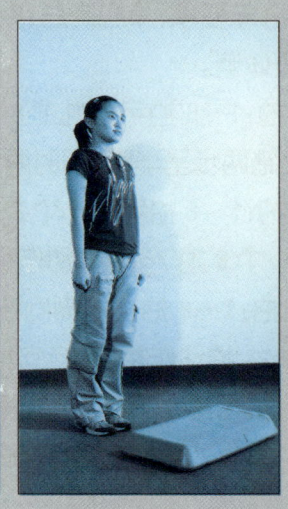

第一个 8 拍 (1~2 拍)

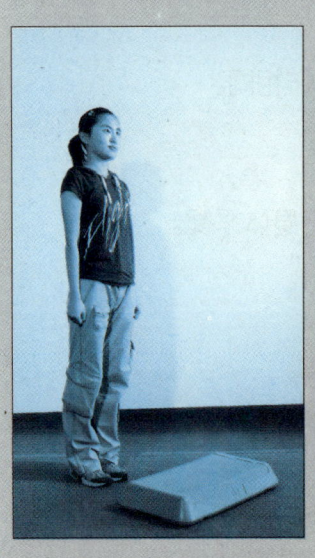

第二个 8 拍 (1~2 拍)

第三个 8 拍 (1～8拍)

第五个 8 拍 (1～4拍)

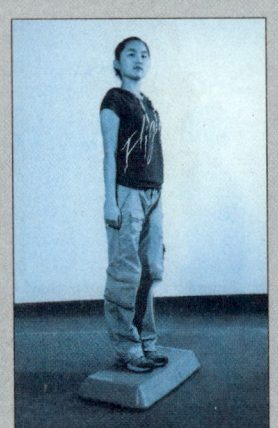

第七个 8 拍 (1~4 拍)

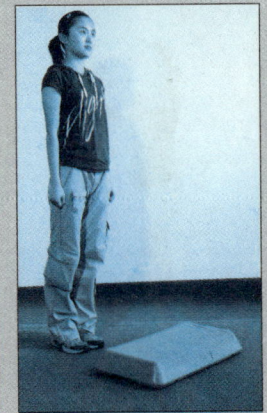

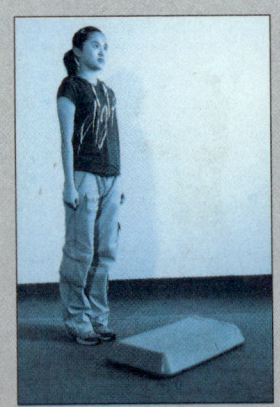

第九个 8 拍 (1~8 拍)

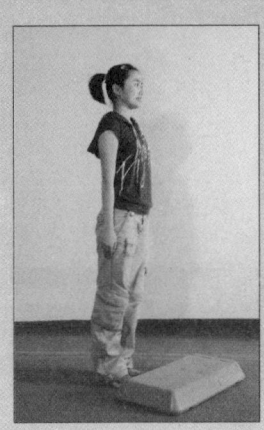  

第十个 8 拍 (1～8 拍)　　第十一个 8 拍 (1～8 拍)

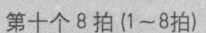

有氧操

第十三个 8 拍 (1～8拍)

第十五个 8 拍 (1～4拍)

图 6—3—1

动作组合二

动作组合二主要是在踏板上不停地上下移动,大腿和臀部肌肉用力,属于长时间的小重量抗阻肌肉练习,能够起到消耗腿部、臀部多余脂肪,达到突出肌肉线条而又不增加肌肉围度的目的,对塑造健美的腿部和臀部有很好的帮助,共 10 个 8 拍。

 **动作方法** 见图 6-3-2

(1)第一个 8 拍:1 拍,左脚向体前踏板,同时两臂侧举;2 拍,左腿直立,同时右腿屈膝于体前内踢,左手指触右脚,右臂侧上举,掌心向外;3 拍,右脚下板,同时两臂侧举;4 拍,还原呈直立;5 拍与 1 拍动作相同;6 拍,左腿直立,同时右腿屈膝于体后内踢,左手指触右脚,右臂侧上举,掌心向外;7 拍与 3 拍动作相同;8 拍,还原呈直立。

(2)第二个 8 拍:1 拍,左脚向体前踏板,同时两臂胸前立屈,握拳,拳心向后;2 拍,左腿直立,同时右脚前踢,前臂经下方向体前绕至前举,拳变掌,掌心向下;3 拍,右脚下板,同时两臂收至胸前立屈,掌变拳,拳心向后;4 拍,左脚下板并于右脚,同时两臂伸直置于体侧;5~8 拍,右脚开始原地踏步 4 次,同时向右转体 360 度,两臂在胸前做两次屈伸。

(3)第三个 8 拍:与第一个 8 拍动作相同,方向相反。

(4)第四个 8 拍:与第二个 8 拍动作相同,方向相反。

(5)第五个 8 拍:1 拍,左脚向体前踏步,同时右臂胸前立屈,拳心向后,左臂置于体侧;2 拍,左腿直立,同时右脚上板并于左脚,左臂内旋至胸前平屈,拳心向下;3 拍,左脚下板,同时左臂侧举,拳变掌;4 拍,右脚下板并于左脚,同时左臂下摆至体侧;5~8 拍与 1~4 拍动作相同,方向相反。

(6)第六个 8 拍:1 拍,左脚向体前踏板,同时两臂胸前立屈,握拳,拳心向后;2 拍,左腿直立,同时右脚上板并于左脚,两臂胸前平屈,拳心向下;3 拍,左脚下板,同时两臂侧举,拳变掌;4 拍,右脚下板并于左脚,同时两臂下摆至体侧;5 拍,跳成开立,同时两臂侧上举,掌心向外;6 拍,跳成并立,同时两臂下摆至体侧;7~8 拍与 5~6 拍动作相同。

（7）第七个 8 拍：与第五个 8 拍动作相同。

（8）第八个 8 拍：与第六个 8 拍动作相同。

（9）第九个 8 拍：1 拍，左脚向左侧一步，同时左臂经前屈至上举，掌心向内；2 拍，右脚在左脚后方交叉，同时左臂经屈肘向内绕至胸前平屈下，掌心向后；3 拍，左臂经前屈至侧平举头向左侧屈，目视左手；4 拍，左脚向左侧一步成侧点地，同时左臂经前屈向内绕至胸前平屈，掌心向下；5～8 拍与 1～4 拍动作相同，方向相反。

（10）第十个 8 拍：1～2 拍，左脚开始向前跑 2 步，同时两臂前后自然摆动，握空心拳；3～4 拍，左脚向体前踏板跳起，同时向左转体 180 度，右腿屈膝后踢，两臂自然摆动；5～7 拍，右脚向后方下板后退跑 3 步，两臂前后自然摆动；8 拍，左腿屈膝并于右腿，前脚掌点地。

## 技术要点

（1）身体保持正直，腹部、臀部收紧，保持身体平衡。

（2）上板时，重心要处于板的正上方。

（3）在板上时，全脚掌要在板上。

（4）上板时，脚跟触板后再过渡到全脚掌。

（5）下板时，脚掌先触地，缓冲过渡到全脚掌。

（6）下板时，不能两脚同时跳下板。

（7）身体侧对板时，先上靠近板的一侧腿，不要交叉腿上板。

（8）单腿在板上时，支撑腿保持一定的弯曲度。

（9）做弓步或重复踏板时，身体重心要保持在板上的前腿上。

（10）保持呼吸，不要屏气，膝盖保持一定的弹动。

## 错误纠正

练习时易出现脚踩到踏板边缘或抬离踏板太高、身体没有保持直立、出现前倾或后仰等问题。因此，应踏在板的中心，保持收腹状态，用腰腹的控制力平衡固定身体。

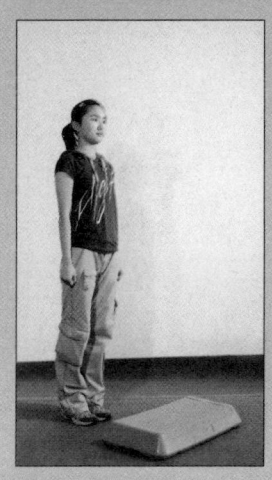

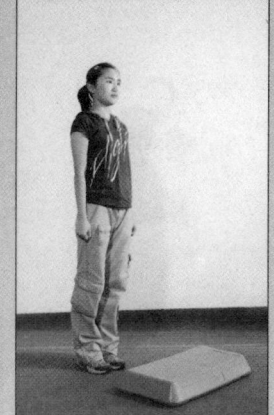

第一个 8 拍 (1～8 拍)

踏板操

第二个8拍(1~8拍)

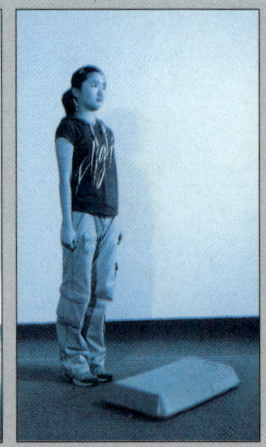

第五个8拍(1~4拍)

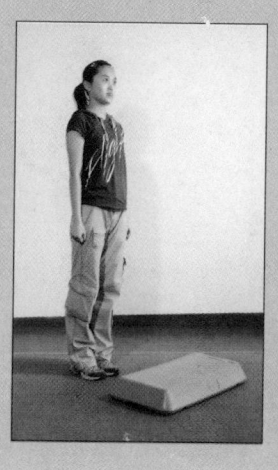
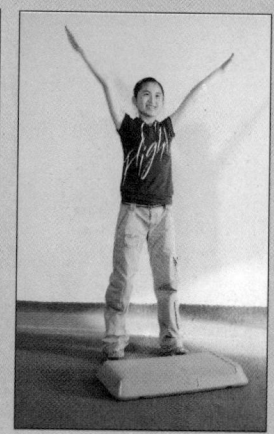

踏板操

第六个 8 拍(1~8 拍)

第九个 8 拍 (1～4拍)

第十个 8 拍 (1～8拍)

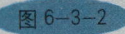
图 6-3-2

有氧操